Alexander Gerhardinger

PUFFERZONE

ALEXANDER GERHARDINGER

PUFFERZONE

WIE MAN EIN BORDELL BETREIBT

edition a

Alexander Gerhardinger: Pufferzone
Originalausgabe

Lektorat: Katharina Krones
Fotos: Bubu Dujmic (www.dujmic.com)
Schriften: *Typoton* von Nicole Fally (www.typoton.org)
Premiéra von Thomas Gabriel (www.typejockeys.at)
Umschlaggestaltung und Typografie: Rainer Erich Scheichelbauer
Druck: Theiss (www.theiss.at)

ISBN 978-3-99001-018-1

EINER VON DIESEN TAGEN

Es gibt solche Tage, an denen ich lieber gar nicht erst aufstehen würde. Oft genug stellt sich dann im Verlauf des Tages heraus, dass ich tatsächlich besser liegen geblieben wäre. Trotzdem tue ich es nie. Schließlich mag ich meinen Job. Ich bin gerne Bordellbetreiber, oder besser: Betreiber eines Saunaclubs. Um alles am Laufen zu halten, bin ich, abgesehen von auswärtigen Terminen, fast rund um die Uhr an meinem Arbeitsplatz. Was ich selbst erledigen kann, erledige ich auch wirklich selbst, dann gibt es die wenigsten Schwierigkeiten. Auch wenn kluge Leute noch so sehr von der Kunst des Delegierens schwärmen, befasse ich mich lieber selbst mit den Dingen. Ich habe natürlich einen Administrator für Steuern, Buchhaltung und so weiter, der mir den Rücken freihält. Anders ginge es bei einem so großen Betrieb wie meinem auch nicht. Aber was immer im Tagesgeschäft so anfällt – und das ist eine Menge –, muss über meine Adresse laufen. Das ist die wichtigste Regel, die ich in dieser Branche gelernt habe. An diesem Tag allerdings …

Als der Wecker um Punkt acht Uhr läutete, wollte ich irgendwie nicht aus dem Bett, obwohl ich schon seit einer halben Stunde wach lag. Wie meistens hatte ich statt in meinem Appartement in der Stadt in der kleinen Wohnung gleich neben dem Club übernachtet. Ich starrte auf einen Fleck an der Decke über mir, als jemand an der Tür klopfte.

Also nichts mit liegen bleiben. Ich zog mich schnell an und öffnete.

Die junge Frau kam mit so schnellen Schritten herein, dass sie mich fast über den Haufen rannte. Sie war neu bei uns, hatte noch keine eigene Bleibe und die Nacht deshalb in einer der provisorischen Wohnungen im Untergeschoß des Hauses verbracht.

»Alexander, ich muss mit dir reden!«

Erst eine Woche da und schon duzte sie mich. Dabei sind deutsche Mädchen anfangs meistens etwas kühler als die aus dem Osten.

»Jetzt nicht, Jacqueline. Ich hab heute Vormittag zu viel zu tun. Komm am Abend in mein Büro.«

Sie ließ sich erstaunlich schnell abwimmeln. Wahrscheinlich hatte ihr jemand die Haarbürste gestohlen, und sie wollte, dass ich die Handtaschen aller polnischen Mädchen im Haus durchsuchen lasse. Die Mädchen denken in solchen Stereotypen. Das ist nun einmal so. Es sind diese Geschichten, die ich mir jeden Tag geduldig anhören muss, um die Mädchen darin zu versichern, dass ich sie ernst nehme. Kümmere ich mich nicht um solche Kleinigkeiten, dann habe ich binnen kürzester Zeit große Unruhe im Club. Und das wäre schlecht fürs Geschäft.

Aber jetzt war es gerade einmal fünf Minuten nach acht und ich hatte noch nichts im Magen. Ich zog mich an und spazierte durch die Clubräume hinüber zum Haupteingang, neben dem sich mein Büro befindet. Der Club war seit vier Uhr früh geschlossen, aber immer noch hing ein bisschen von dem Geruch in der Luft, der zwangsläufig entsteht, wenn in einem Haus siebzehn Stunden lang ohne Pause geschlechtlich verkehrt wird. Und das, obwohl alle Fenster und Türen sperrangelweit geöffnet waren. Der Putztrupp arbeitete auf Hochtouren und die in allen Räumen montierten Duftspender würden ein Übriges tun: Um elf Uhr, wenn das Goldentime wieder aufsperrte, würde es wieder riechen, als hätten sich immer nur Scharen von Jungfrauen in diesen Räumlichkeiten getummelt. Na gut, das ist vielleicht eine Spur übertrieben, aber es würde auf jeden Fall gut riechen.

Ich schloss mein Büro auf und orderte hinter dem Schreibtisch telefonisch mein Frühstück. Ich frühstücke immer während der Arbeit. Bis elf Uhr habe ich jeweils nur knapp drei Stunden Zeit, in denen ich viel zu erledigen habe. Dabei gibt es keine Verschnaufpause. Das Goldentime hat nicht nur siebzehn Stunden pro Tag offen, sondern das auch noch sieben Tage die Woche und an dreihundertvierundsechzig Tagen im Jahr. Am dreihundertfünfundsechzigsten Tag, zu Weihnachten, könnte ich das beste Geschäft des ganzen Jahres machen, weil eine Meute einsamer Männer den Laden stürmen würde, um für gutes Geld mit einem Mädchen mit Santa-Claus-Mütze in ein Zimmer zu verschwinden. Aber die Mädchen wollen das nicht. Ich versuche schon lange nicht mehr, sie dazu zu überreden. Sie feiern lieber privat Weihnachten. Und ich eigentlich auch.

Als mein Frühstück eintraf, stand gleichzeitig der Nachtgeschäftsführer in der Tür. Er erstattete mir Bericht darüber, wie das Geschäft gelaufen war, nachdem ich mich in meine Wohnung zurückgezogen hatte. Ich nahm einen Schluck Kaffee und deutete auf einen Stuhl, während mir ein Blick in sein Gesicht sagte, dass gestern noch etwas vorgefallen sein musste. Der Tag fing offenbar wirklich nicht gut an.

»Chef, es war wieder so ein verrückter Glatzkopf da …«

Viel mehr musste ich nicht hören. Seit einiger Zeit häuften sich Fälle scheinbar unmotivierter Gewalt gegenüber Angestellten meines Etablissements. Eine Woche zuvor hatte ein großer tätowierter Typ mit Glatze und Boxerstatur einen Streit vom Zaun gebrochen, indem er eines unserer Mädchen unvermittelt an den Haaren herumgerissen hatte. Die Security hatte ihn hinausgeleitet, und als er sich vor der Tür noch immer nicht beruhigt hatte, hatten meine Leute zur Sicherheit die Polizei gerufen. Das ist bei uns Firmenpolitik. So versuchen wir sicherzustellen, dass schon eine Streife auf dem Weg zu uns ist, bevor ein renitenter Kunde den Club demoliert. Aber in diesem Fall war diese Sicherheitsvorkehrung wirkungslos geblieben. Nachdem bereits zwei Beamte eingetroffen waren, hatte der Glatzkopf einem unserer Mitarbeiter noch mit einem Faustschlag die Nase gebrochen. Die Beamten waren seelenruhig daneben gestanden und hatten keinen Finger gerührt.

Ich hatte bereits versucht herauszufinden, ob die Zurückhaltung der Polizei einer neuen Direktive für Einsätze im Rotlichtmilieu entsprungen war oder ob die Beamten einfach geschlafen hatten. Doch während ich von Seiten des Gesetzes noch vertröstet wurde, war gestern in der Nacht das Störfeuer aus der Unterwelt weitergegangen. Wie mir der Nachtgeschäftsführer berichtete, war es abermals zu einer gewalttätigen Auseinandersetzung gekommen. Zwar hatte die Security, die ich mittlerweile aufgestockt hatte, die Situation diesmal mit vereinten Kräften unter Kontrolle gebracht. Aber erstens konnte ich mittlerweile nicht mehr abschätzen, was in Zukunft noch kommen würde, und zweitens waren diese Vorfälle natürlich schlecht für das Image des Clubs.

Nachdem wir den Umsatz mit der Anzahl der Kunden verglichen und Kassa gemacht hatten, ließ ich mir einen zweiten Kaffee kommen, schaltete die Klimaanlage ein und lehnte mich in meinem Bürostuhl zurück. Es war erst kurz vor neun Uhr, aber schon war mir heiß. Ich öffnete den obersten Knopf meines Hemds und trank einen Schluck Wasser. Half alles nichts. Ich war nervös. Natürlich hatte es auch schon früher vergleichbare Vorfälle gegeben. Schließlich verdiene ich mein Geld eben im Rotlichtmilieu. Aber früher hatte ich immer recht bald lokalisieren können, woher die Aggression gekommen war. Entweder war ihr eine Drohung vorausgegangen, oder es hatte sich im Milieu herumgesprochen, welcher Konkurrent nicht gut auf mich zu sprechen war. Diesmal hatte ich keine Ahnung. Hinzu kam, dass ausgerechnet jetzt mein sonst sehr gutes Verhältnis zur Polizei etwas kompliziert war. Wenn die Exekutive auch in Zukunft bei Gewalt in meinem Club und gegen ihn nicht eingreifen würde, musste ich mich auf härtere Zeiten gefasst machen.

Mit der Fernbedienung schaltete ich die beiden großen Monitore ein, auf denen ich die Bilder der überall im Haus verteilten Überwachungskameras sehen konnte. Die Zahl der Kameras, mit denen ich scharfe Bilder von jedem Typen bekommen konnte, der hierherkam, um Schwierigkeiten zu machen, hatte ich schon vor drei Jahren aufgestockt. Damals war ich selbst Opfer eines gewalttätigen Angriffs geworden. Drei

Typen in Bomberjacken hatten mir aufgelauert, als ich meine Privatwohnung im Haus durch den Hinterausgang verlassen hatte. Sie hatten sich wortlos auf mich gestürzt und mir einige Schläge verpasst, wobei es mir immerhin gelungen war, mein Gesicht zu schützen. Trotz der bedrohlichen Situation hatte ich die ganze Zeit Ausschau nach Waffen gehalten. Mir war alles egal gewesen, solange kein Messer oder Revolver im Spiel war. Insofern war alles gut gegangen. Offenbar waren die drei von jemandem geschickt worden, der mich einschüchtern, aber nicht umbringen wollte.

Ich schaltete die Monitore wieder ab, die im Moment nur das Reinigungspersonal zeigten und öffnete den im hintersten Winkel meines Büros versteckten Wandsafe mit einem Code. Mit einem kurzen Klicken entriegelte sich das Schloss. Ich öffnete die graue Metalltür und entnahm dem Safe zwei Boxen, eine kleine und eine etwas größere. Beide trug ich zu meinem Schreibtisch. Ich öffnete die größere Box, legte den obenauf liegenden Garantieschein sowie die Bedienungsanleitung beiseite und griff hinein. Die Glock, die ich jetzt in meiner Rechten hielt, sah wegen ihres Plastikgehäuses ein wenig wie eine Spielzeugwaffe aus, doch ihr Gewicht bestätigte einem das Gegenteil. Mit dem Daumen drückte ich auf den kleinen Knopf an der Hinterseite des Griffes, worauf ein feiner roter Laserpunkt auf der gegenüberliegenden Wand des Büros erschien. Er zeigte die Stelle an, wo das Geschoß einschlagen würde, wenn ich jetzt den Abzug betätigte. Im Moment war die Pistole allerdings nicht geladen.

Ich legte sie zurück und öffnete die kleinere Box. Ihr entnahm ich eine Waffe, die aussah wie für die Handtasche einer

alten Dame bestimmt. Tatsächlich aber hatte sie es in sich. Es handelte sich um eine Ruger, die einzige Mini-Handfeuerwaffe, deren Kaliber ausreicht, um einen Angreifer mit einem Schuss zu stoppen. Dabei war sie so klein, dass ich sie bequem und unsichtbar am Körper tragen konnte.

Nach der brutalen Attacke gegen mich hatte ich ein halbes Jahr gebraucht, um legal in den Besitz dieser Waffen zu gelangen. Ausschlaggebend für die Ausstellung des Waffenscheins war letztendlich keineswegs das manifeste Bedrohungsszenario gewesen, dem ich als Bordellbetreiber ausgesetzt bin. Ich hatte vielmehr beweisen müssen, dass ich regelmäßig große Mengen Bargeld transportiere und dass es mir wirtschaftlich nicht zumutbar ist, diese Aufgabe von einem Angestellten einer Security-Firma erledigen zu lassen. Ein schönes Beispiel für den Vorrang, den der Schutz des Geldes vor dem des Lebens in unserer Gesellschaft genießt.

Während ich die Waffen wieder im Safe verstaute, fragte ich mich, ob ich mich durch sie sicherer fühlte. Eigentlich schon. Ich hatte keinen Zweifel daran, dass ich sie im Ernstfall ziehen und auf einen Angreifer schießen würde. Zwar ist eine Notwehrüberschreitung rasch begangen, aber das ist immer noch besser, als selbst ins Gras zu beißen.

Als ich den Code abermals eingetippt und den Safe wieder verschlossen hatte, klopfte es an meiner Bürotür. Der Haustechniker brachte die tägliche Mängelliste. In so einem Club gehen unaufhörlich alle möglichen Dinge kaputt: Der Abfluss des Whirlpools im VIP-Raum verstopft sich, einem King-Size-Bett bricht der Fuß ab et cetera. Da während unserer Öffnungszeiten keine Reparaturarbeiten stattfinden können, muss alles am Vormittag erledigt werden. Ich unterschrieb die Liste, und der Techniker verließ mich, um sich an die Arbeit zu machen. Es war halb zehn.

Am Abend würde es im Club rundgehen, das wusste ich. Zunächst war da die Tanzshow, im Zuge derer ein Transvestit präsentiert werden sollte. Es war das erste Mal, dass so etwas bei uns stattfand. Als altmodischer Mensch war ich früher immer davon ausgegangen, dass für den erfolgreichen Betrieb eines Saunaclubs freundliche, hübsche Mädchen ausreichen. In letzter Zeit hatte sich herausgestellt, dass ich auf ein Zugpferd in Form eines Transvestiten kaum verzichten konnte. Ich meine damit keinen notdürftig als Frau ausstaffierten, schlecht rasierten Typen mit Schuhgröße sechsundvierzig, sondern einen richtigen Ladyboy. Die werden fast ausschließlich in Thailand und Südamerika – ich würde sagen – herangezogen, denn das ist der einzig passende Ausdruck dafür. Den Buben werden noch vor Beginn der Pubertät, also mit elf oder höchstens zwölf Jahren, so viel weibliche Hormone verabreicht, dass sie statt zu einem Mann zu einer Frau mit voll einsetzbarem Glied heranwachsen. Solche Ladyboys haben oft makellos schöne weibliche Formen. Ziemlich krank das Ganze, finde ich, vor allem, weil es zumeist die Eltern sind, die ihre Söhne auf diese Weise präparieren, um mit der Prostitution ihres Sprösslings einen Haufen Geld zu verdienen. Aber andererseits: Da es diese Ladyboys nun einmal gibt und da die Kunden allem Anschein nach darauf stehen, werde ich hier nicht den Moralapostel spielen.

Zwar waren alle wesentlichen Vorbereitungen für die Show schon getroffen, die Sache war ausführlich beworben worden, und es konnte nicht viel schiefgehen, aber ich wusste natürlich trotzdem nicht, wie das Ganze beim Publikum ankommen würde. Es ist eine Sache, theoretisch zu wissen, dass ein Transvestit der absolute Renner ist, aber eine ganz andere, ihn dann tatsächlich dem eigenen Stammpublikum vorzuführen. Immerhin würde da, Kurven hin, Schönheit her, ein nackter Mann unter all den nackten Mädchen vor unseren Besuchern stehen.

Ich bin bekannt dafür, nicht nur selbst keinen Alkohol zu trinken, sondern auch den Club diesbezüglich sauber zu halten. Aber jetzt kratzte es mich in der Kehle. Also öffnete ich meine Schreibtischschublade, entnahm ihr eine Flasche und schenkte mir ein schönes alkoholfreies Glas Tonic Water ein. Genau das Richtige für einen nervösen Geschäftsmann.

Zu Mittag hatte ich einen Termin in der Stadt. Ich ging hinaus auf den Parkplatz und stieg in einen unserer firmeneigenen Smarts, die wir zu Werbezwecken verwenden, wann immer ein Mitarbeiter oder ich selbst etwas in der Stadt zu erledigen haben. Auf den Autos ist das Bild einer einladenden nackten Frau mit unserem Firmenlogo verquickt, sehr schön für das Auge. Der Werbeeffekt ist für den jeweiligen Fahrer unübersehbar. Auch diesmal beobachtete ich vergnügt all die Fußgänger, Radfahrer und Autolenker, die sich halb den Kopf verrenkten oder ihre Freunde auf mein Gefährt aufmerksam machen wollten, als ich vorbeirauschte.

Als ich am Nachmittag zum Club zurückkehrte und den Smart auf einen Parkplatz stellte, fielen mir zwei Typen in einem hässlichen rostroten Toyota auf, die versuchten, unauffällig zu wirken. Ein normaler Besucher hätte sie wahrscheinlich übersehen, aber ich bewege mich jeden Tag auf diesem Parkplatz, und wer einen Ort sehr genau kennt, hat ein besseres Auge dafür, wenn etwas nicht stimmt. Trotzdem ließ ich die beiden links liegen, um nicht selbst Aufsehen zu erregen und steuerte direkt mein Büro an. Dort angekommen zog ich mein Handy aus dem Sakko und wählte eine eingespeicherte Nummer.

»Hallo Uwe, hast du die beiden Gestalten in dem Toyota bemerkt?«

»Natürlich, Chef. Sitzen schon seit einer halben Stunde im Auto.«

»Mhm. Gib mir Bescheid, wenn sich was tut.«

»Ist klar, Chef.«

Uwe ist mein verdeckter Security-Mitarbeiter. Niemand hat ihn je gesehen, und niemand außer mir weiß von seiner Existenz und dass er zu bestimmten Zeiten draußen am Parkplatz herumschlendert und mir über ungewöhnliche Vorkommnisse Bericht erstattet. Meine Geschäftsführer wissen natürlich von den offiziellen Securitys, die im Club und davor im Einsatz sind und deren Lohn in den Bilanzen aufscheint. Uwe dagegen bezahle ich persönlich. Auf diese Weise habe ich, wenn es brenzlig wird, immer noch ein Ass im Ärmel.

Es war erst früher Nachmittag, aber dennoch musste ich einen Zahn zulegen, wenn ich meine Agenda bis zum Abend abarbeiten wollte. An Tagen, an denen weniger zu tun ist, betätige ich mich nachmittags gerne kreativ. Dann denke ich über neue Projekte nach: über Goldentime für Frauen zum Beispiel, mit erstklassigen männlichen Prostituierten. Oder über die Entwicklung neuer Erlebniskonzepte für Bordelle, die herkömmliche Puffs weit hinter sich lassen und noch viel weiter gehen als Saunaclubs. Aber heute hatte ich keine Zeit für den Musenkuss. Heute mussten drängende Business-fragen geklärt werden.

Ich entnahm dem Schrank einen dick befüllten Aktenordner mit der Aufschrift »Steuer« und knallte ihn auf den Schreibtisch. Die Wiener Stadtverwaltung hatte mich nach dem Ausländerbeschäftigungsgesetz angezeigt. Sie warf mir vor, die Prostituierten, die in meinem Club arbeiteten, hätten Angestelltenstatus. Dabei bezahlte ich ihnen keinen Cent! Aber allein die Tatsache, dass es einen Chef gab – mich nämlich – und eine Art »Bekleidungsvorschrift« sowie Werbung für das Etablissement et cetera genügte denen, um die Prostituierten als unselbständig erwerbstätig einzustufen. Für das kommende Jahr plante die Stadtregierung zwar eine Reform des Gesetzes, wodurch Prostituierte endlich als Unternehmerinnen anerkannt würden. Aber solange dieses Gesetz nicht durch den Gemeinderat durch war, saß man in dieser Causa als Bordellbetreiber äußerst unangenehm zwischen den Stühlen: Kontrollierte man zu wenig, dann bekam man einen Rüffel von der Polizei, die verlangte, dass man in puncto Mädchen alles sauber hielt. Kontrollierte man aber zuviel, dann hieß es, die Mädchen seien eigentlich Angestellte des Clubs. Es gab keinen Ausweg.

Jedenfalls hatte man mir die Kleinigkeit von vierhunderttausend Euro an Strafe aufgebrummt. Wenn das durchging, bedeutete das, dass mein ganzes Geschäftsmodell in Zukunft nicht mehr in seiner jetzigen Form funktionieren würde. Aber es war glücklicherweise noch nicht aller Tage Abend.

Als ich gerade meinen Steuerberater anrufen wollte, kam der Tagesgeschäftsführer herein: »Alexander, da fragt schon wieder einer nach schwangeren Nutten und lässt sich nicht abwimmeln…«

Auch das noch. Die Kunden gaben diesbezüglich keine Ruhe. Sie wollten nicht nur Transvestiten, sondern auch Schwangere, Krüppel, Großmütter… Vermutlich gab es in Wien Orte, an denen auch ein achtzigjähriger Mann einen Stringtanga anziehen und seinen Arsch zum Verkauf anbieten konnte und sich damit noch eine goldenen Nase verdiente. Hauptsache ausgefallen und noch nie dagewesen. Aber trotz unseres schlechten Rufs haben auch wir Bordellbetreiber Grenzen. Zumindest kann ich das von mir behaupten. In der Transvestitenfrage hatte ich schon nachgegeben, aber bei den Schwangeren würde ich hart bleiben: »Sag ihm, wir sind ein Saunaclub und kein Kuriositätenkabinett!«

Er nickte und schloss die Tür. Gleich darauf kam er schon wieder herein: »Du, wegen der Sandra. Die macht ein Riesengeschäft heute. Hatte schon sechs Kunden.«

Sandra wog ungefähr neunzig Kilo, und sie war wirklich keine von den Dicken, die man schön finden konnte. Sie war unförmig, hatte trotz ihrer Leibesfülle kaum Brüste und auch nicht gerade das hübscheste Gesicht. Sie hatte es sich nicht ausreden lassen, bei uns einen Versuch zu machen, und ich hatte sie gewähren lassen, in der Annahme sie würde bald das Handtuch werfen. Aber wie mir nach ihrem ersten Tag bereits gedämmert hatte, war das eine kolossale Fehleinschätzung gewesen. Beinahe so kolossal wie Sandras Ausmaße. Von wegen Kuriositätenkabinett.

Ein kurzer Blick auf meine Armbanduhr belehrte mich darüber, dass ich in der Steuersache heute ohnehin nichts Wesentliches mehr unternehmen konnte. Also verräumte ich den Akt wieder im Schrank und beschloss, einen Blick auf Sandra und ihre Erfolge zu werfen.

Wenn ich mich einmal auch nur in die Nähe des Gästebereiches im Club bewege, komme ich nicht mehr so schnell weg. Auch diesmal verwickelten mich sofort einige Stammkunden in Gespräche, fragten nach Tipps, wollten wissen, welches Mädchen derzeit das beste sei, klopften mir auf die Schulter und erzählten Geschichten von ihren schnauzbärtigen Ehefrauen. Wenn ich Empfehlungen abgeben soll, gehe ich immer gleich vor. Ich nenne immer das Mädchen, das sich zuletzt über zu wenige Kunden beklagt hat. Ich bekomme keinen Anteil am Umsatz der Mädchen, sondern ausschließlich den Eintritt und der ist für alle gleich. Aber ich will, dass alle zufrieden sind. Nur so kann man die lockere Urlaubsatmosphäre bieten, für die ein guter Saunaclub eigentlich steht.

Sandra hatte keine Empfehlungen nötig. Im Gegenteil. Sie machte so viele Zimmer, dass die anderen Mädchen schon neidisch wurden. Zwei Stammkunden, die offenbar nicht zu Sandras Fans zählten, fragten leicht irritiert, warum ich diese Matrone in meinen Club gelassen hatte. In diesem Moment entschied ich, dass heute nicht nur ihr erfolgreichster, sondern auch ihr letzter Tag im Goldentime sein würde. Morgen würden sie die Mädchen am Empfang nicht mehr hereinlassen. Ich kann es mir nicht leisten, dass das Image des Clubs leidet, auch wenn ich mit Sandra wahrscheinlich einige

Kunden gewonnen hätte, die in Zukunft nur wegen ihr gekommen wären.

Als ich mich gerade wieder losgeeist hatte und auf dem Rückweg in mein Büro war, kreuzte Jacqueline meinen Weg, das Mädchen, das mir am Morgen fast die Tür eingerannt hätte.

»Alexander, ich muss wirklich dringend mit dir reden!«

»Jacqueline, kauf dir eine Armbanduhr. Ich hab jetzt keine Zeit. Heute Abend, hab ich gesagt.«

»Aber ich muss dir wirklich ...«

»Ab sieben, Jacqueline, bitte, ab sieben.«

Normalerweise bin ich nicht so strikt. Aber irgendwie ging mir ihre Aufdringlichkeit auf die Nerven. Mit einer abwehrenden Handbewegung beendete ich das Gespräch und zog ab.

Der Nachmittag verging im Wesentlichen mit dem Durchsehen der Videobänder unserer Überwachungskameras. Ich mache das von Zeit zu Zeit, weil ich nur damit sicherstellen kann, dass ich von meinen Mitarbeitern nicht beschissen werde. Wie der gute alte Lenin schon sagte: Vertrauen ist gut, Kontrolle ist besser. Die ehrlichen Mitarbeiter haben gar nichts gegen diese Überwachung einzuwenden. Sie sind sogar erfreut darüber, weil sich so die Spreu vom Weizen trennt und sich ihr Pflichtbewusstsein bezahlt macht.

Ich war mit den wesentlichen Bändern der vergangenen Woche noch nicht ganz durch, als die Polizei am Handy anrief: »Guten Tag, Herr Doktor Gerhardinger. Wir wollten Sie nur daran erinnern, dass die vereinbarte Kooperation bezüglich des Zuhälterrings heute Abend startet.«

Darauf hatte ich in dem Transvestitentrubel völlig vergessen, ließ mir aber nichts anmerken: »Selbstverständlich. Geht in Ordnung.«

Ich hätte den Beamten gleich fragen können, warum die Polizei zuletzt bei gewalttätigen Spinnern in meinem Club nicht mehr eingegriffen hatte. Aber der Mann war von einer ganz anderen Abteilung: Kriminalpolizei. Ich hatte zugestimmt, eine Mitarbeiterin der Polizei im Club einzuschleusen, um einem internationalen Zuhälterring auf die Spur zu kommen. Sie sollte als Bardame bei uns arbeiten und aufschnappen, was die Mädchen so plauderten. Ich hatte grundsätzlich nichts dagegen, nur warum musste das ausgerechnet heute stattfinden?

Als ich mein Telefon wieder einstecken wollte, läutete es schon wieder. Diesmal war Uwe dran: »Chef, es wär wegen den Burschen im Toyota.«

Verdammt. Die hatte ich auch schon wieder vergessen. Ein Gedächtnis wie ein Sieb.

»Ja, Uwe. Tut sich was?«

»Kann man so sagen. Die haben Waffen im Kofferraum.«

Auch das noch. Mir fiel wieder ein, dass ich am Morgen lieber im Bett geblieben wäre. Irgendwie war Jacqueline schuld.

»Okay. Bleib in Deckung und halt mich weiter auf dem Laufenden. Ich versuch, was zu organisieren.«

Erst einmal Ruhe bewahren. Zunächst musste ich alle anwesenden Securitys informieren. Wobei ich die ja eigentlich für die große Party im Club benötigte. Wahrscheinlich waren die Typen vom Parkplatz, wer auch immer sie geschickt ha-

ben mochte, genau deshalb heute Abend aufgekreuzt. Aber was zum Teufel hatten sie vor?

Ich war in solche und andere Gedanken verstrickt, als es nachdrücklich an der Tür klopfte. Im Moment konnte es ohnehin nicht mehr schlimmer kommen, also öffnete ich, ohne darüber nachzudenken, wer jetzt wohl schon wieder etwas von mir wollte.

»Alexander, ich muss jetzt wirklich mit dir reden.«

»Jacqueline, ich hab keine Zeit, ich muss ...«

»Es ist zehn nach sieben! Du hast gesagt, ab sieben hast du Zeit für mich. Und es ist wichtig!«

Na gut, eigentlich war es jetzt auch schon egal. Noch einmal würde ich sie wohl ohnehin nicht los.

»In Ordnung. Also, was hast du auf dem Herzen, Jacqueline?«

»Gestern in der Nacht hab ich nicht schlafen können, weil die anderen Mädels noch so lange Krach gemacht haben ...«

»Mhm, mhm.«

»Also bin ich ein bisschen draußen spazieren gegangen. Und da waren zwei so seltsame Typen am Parkplatz. Dann ist mir aufgefallen, dass ich den einen kenne. Der war einmal ein Freund vom Bogdan und ist länger wegen Überfällen gesessen. Ich hab schon befürchtet, die wollen deinen Club überfallen. Aber dann hab ich gesehen, wie einer aus dem Casino zu ihnen rübergeht und ihnen irgendetwas erzählt. Und heute Nachmittag hab ich sie wieder gesehen, in so einem alten Toyota. Jetzt glaub ich, die haben vor, die Leute zu überfallen, die im Casino viel Geld gewonnen haben. Da muss man doch was unternehmen, oder?«

»Warum hast du mir das nicht früher gesagt!? Ja, ich weiß, ich hab dich nicht gelassen. Jacqueline, du bist ein Schatz!«

Die Probleme des Spielcasinos waren mir im Moment egal. Es benutzte nur den gleichen Kundenparkplatz wie mein Club, sonst nichts. Und die Gestalten im Toyota würden, was immer sie sonst noch taten, wohl klug genug sein, kein Aufsehen zu erregen, indem sie Besucher des Goldentime belästigten.

Ich drückte Jacqueline an meine Brust, dann rief ich Uwe an, um Entwarnung zu geben. Ich informierte die Security des Casinos und erfüllte damit meine Nachbarspflicht. Immerhin, eine Sorge war ich los. Ich griff mir noch einmal die Flasche Tonic Water und schenkte mir ein Glas ein.

Nachdem ich den Überfall auf den Club abgehakt hatte, blieben noch folgende Probleme: Eine drohende Vierhunderttausend-Euro-Steuerstrafe und damit vielleicht das Ende des Betriebs, ein zentnerschweres Mädchen namens Sandra, eine verdeckte Ermittlerin als Barfrau und ein Konkurrent aus der Unterwelt, von dem ich nicht wusste, ob und wann er versuchen würde, mich endgültig kaltzumachen.

Über die Monitore in meinem Büro beobachtete ich das Treiben im Club, der sich allmählich mit Mädchen und Kunden füllte. Ist es das alles wert? Niemand hat mich gezwungen, in diese Branche einzusteigen. Aber erstens habe ich immer schon gerne Dinge getan, von denen mir andere abgeraten haben, und zweitens bringt es gutes Geld. Ein endgültiger Steuerbescheid oder eine Waffe am Kopf können das zwar alles rasch wieder beenden, dachte ich, aber mit diesem Risiko muss ich eben leben.

Es war halb acht Uhr abends. In einer Stunde würde unser neuer Transvestit das erste Mal seine Hüften schwingen.

ANFÄNGE

Nach einem Studium der Betriebswirtschaft war ich sicher nicht der klassische Kandidat fürs Rotlichtgeschäft. Ich hätte damals auch nicht mit so einer Karriere gerechnet, aber wer weiß am Anfang schon, wohin ihn sein Berufsweg am Ende führen wird. Es ging Schritt um Schritt. In meiner Studienzeit arbeitete ich als Croupier in verschiedenen österreichischen Casinos, um finanziell über die Runden zu kommen. Ich war oft erst spät nachts mit der Arbeit fertig, aber noch zu aufgedreht, um gleich schlafen zu gehen. Wenn ich um diese Uhrzeit durch die Lokale zog, traf ich logischerweise die verschiedensten Repräsentanten der sogenannten Szene, allesamt bunte Vögel: Prostituierte, mit und ohne Kunden, misstrauisch beobachtet von ihren Zuhältern oder auf eigene Rechnung arbeitend; Puffbetreiber, Bodyguards, Schläger und schmierige Schutzgelderpresser; betuchte Freier oder abgehalfterte Galgenvögel auf der Suche nach der letzten Nutte, die ihnen noch Kredit gewährt. Ich lernte auf diesen Streifzügen durchs Nachtleben kaum einen Menschen kennen, den ich als durchschnittlich bezeichnen würde. Und ich war froh darüber. Von Durchschnittsmenschen war ich an der Uni in ausreichender Zahl umgeben. Ich will damit gar nicht sagen, dass die Menschen, die der Szene angehören, im schlechten Sinn abnormal wären, denn das sind sie nicht. Ich selbst bin heute ein Teil dieser Szene, wenn auch auf meine eigene Art und nach meinen eigenen Regeln. Die Leute im Rotlichtmilieu sind ganz einfach ein spezieller Schlag dieser verdammten menschlichen Komödie, der wir doch alle unser Leben lang angehören, die Guten wie die Schlechten, die Langweiligen wie die Exaltierten von uns. Damals lernte ich die Szene und die Orte, an denen sie sich ansiedelt, zum ersten Mal als eine Art Pufferzone kennen, als eine Zwischenwelt, einen Bereich, der die Tageslichtwelt legaler Geschäfte mit den illegalen Umtrieben der sogenannten Unterwelt verbindet. Und in dem sich deshalb die verschiedensten und spannendsten Typen tummeln.

Ich kann nicht mehr sagen, ob ich schon damals für diese Branche Feuer gefangen habe. Was ich weiß, ist, dass ich nach dem Abschluss meines Studiums als Chefcroupier schon soviel verdiente, dass es mir dumm vorgekommen wäre, aus diesem Beruf wieder auszusteigen. Also machte ich den Job noch einige Jahre weiter. Nur: Irgendwann hatte ich trotzdem genug davon. Wenn man nach Dienstschluss regelmäßig Halsstarre hat, vom ewigen Auf-das-grüne-Tischtuch-Starren, und in seiner Freizeit manisch alles zur Zahl Einundzwanzig addiert, dann ist es Zeit zu gehen. Dann machen auch die Nächte keinen Spaß mehr, bunte Vögel hin, schöne Mädchen her.

Außerdem spürte ich damals, dass die Zeit für etwas Größeres gekommen war. Ich wollte in die Immobilienbranche, absolvierte die nötigen Prüfungen und sah mich nach einem Job um. Zunächst stieg ich bei einer Firma ein, die Konzepte für Cineplex-Kinos entwickelte. In ähnlicher Form gab es das damals nur in den USA. Große Kinos in ein umfassendes

Angebot von Gastronomie und Unterhaltung einzubetten, das war damals, auch wenn es jetzt wie Angeberei klingt, unsere Idee. Die Grundgedanken aus dieser Zeit habe ich übrigens später in das Konzept meines Saunaclubs einfließen lassen. Wir bauten diese Kinocenter in ganz Österreich, später auch in Deutschland und in ein paar anderen Ländern. Solange, bis der Markt gesättigt war und niemand mehr ein neues Kino haben wollte. In Italien kam ich schließlich wegen Problemen mit einer Betriebsgenehmigung in gehörige Schwierigkeiten. Wir hatten schon viel Geld in den Standort gesteckt, und ich hatte persönlich Haftung übernommen, aber die Baupolizei dachte sich immer neue Spitzfindigkeiten aus, um zu verhindern, dass unser Cineplex dort in Betrieb gehen konnte. Als die Beamten am Ende von uns verlangten, eine komplett neue breitere Straße zu bauen, warfen wir das Handtuch. Meine Haftung wurde schlagend, und ich hatte keine Chance mehr, die Verluste mit neuen Geschäften wettzumachen. Das zwang mich in den Privatkonkurs. Kein bisschen von dem, was ich in den vergangenen Jahren verdient hatte, blieb übrig. Ich hatte nichts mehr und musste noch einmal ganz von vorne anfangen.

Ungefähr in diese Zeit fiel mein erster geschäftlicher Kontakt mit Leuten aus der Szene. Durch Zufall lernte ich einen expansionsfreudigen Bordellbetreiber kennen, der in meiner Heimatstadt Linz einen neuen Puff aufbauen wollte. Der dabei nötige bürokratische Aufwand – bei Ämtern vorsprechen, Genehmigungen einholen und Klinken putzen bis zum Gehtnichtmehr – war nicht so seins. Er war im Milieu groß geworden, weshalb ihm zu so etwas neben den Nerven auch der richtige Habitus fehlte. Er konnte sich nicht einfach von heute auf morgen in einen Anzug werfen und von seinem Straßenjargon auf gepflegte Konversation umstellen. Das hätte jemandem wie ihm auch niemand abgekauft. Und das war meine Chance. Ich fing an, nicht in der Szene, sondern für sie zu arbeiten. Und dabei lernte ich eine Menge über die bürokratischen und rechtlichen Aspekte des Geschäfts. Zum Beispiel, dass zwar Prostitution legal, Zuhälterei aber illegal ist. Wer ein Bordell führen will, ohne früher oder später im Gefängnis zu landen, muss letztere deshalb vermeiden. Ich lernte auch, dass es einen legalen und einen illegalen Weg gibt, im Rotlichtmilieu Geld zu verdienen, und dass der legale ein bisschen mühsamer ist, aber nicht unbedingt weniger einbringt. Ich würde sogar das Gegenteil behaupten. Denn wer die Polizei zufrieden stellt, indem er sich an die Regeln hält, kann viel ungestörter seine Geschäfte abwickeln.

Ich arbeitete einige Zeit lang in Anzug und Krawatte für Leute aus der Branche, zunächst in Innsbruck, dann in anderen Städten Österreichs. Doch schließlich beschloss ich, den nächsten Schritt zu setzen: Ich wollte selbst Bordellbetreiber werden, ein eigenes Haus gründen. Wie der Hase läuft, wusste ich ja inzwischen. Nur eines wusste ich noch nicht und das war damals meine große Schwachstelle: Wo zum Teufel sollte ich die Mädchen herbekommen? Denn es ist zwar gut und schön, eine Immobilie, Genehmigungen und Kapital aufzustellen, aber ohne Mädchen konnte ich mir das alles an den Hut stecken.

Da ich keine Lust auf den Versuch hatte, selbst Mädchen für mein neues Haus zu begeistern, suchte ich mir kurzerhand einen Partner aus der Branche. Er sollte sich um die Mädchen kümmern, ich als Geschäftsführer würde den Rest besorgen. Aber ich war wohl noch etwas zu grün hinter den Ohren für die Geschichte. Zwei Jahre investierte ich in die Vorbereitung, um dann von meinem »Partner« ausgebootet zu werden. Der besorgte sich im letzten Moment die Finanzierung für den Club, für den ich sämtliche Genehmigungen bereits eingeholt hatte, bei jemand anderem und zog die Sache allein durch. Pech gehabt.

Bei meinem ersten Versuch, Bordellbetreiber zu werden, fiel ich also ziemlich schlimm auf die Nase. Ich wollte sogar schon aufgeben. Aber wie das Leben so spielt – plötzlich bekam ich ein paar Anrufe von Mädchen, die Wind von meinen Plänen bekommen hatten und mich fragten: »Alexander, machst du was? Ein neues Haus?«

Ich hatte mich in den beiden Jahren davor zwar auf Recht und Marketing konzentriert, aber trotzdem war ich mit Mädchen in Kontakt gekommen. Ich hatte immer ein offenes Ohr für ihre Probleme gehabt und mich für ihren Job und ihr Leben interessiert. Deshalb verfügte ich jetzt auf einmal über einen soliden Grundstock an Mädchen, die bereit waren, für mich zu arbeiten, ohne dass ich selbst auf die Idee gekommen wäre. Diese glückliche Fügung machte mir wieder Mut. Bei meinem zweiten Anlauf wollte ich mich geschickter anstellen. Zwar suchte ich mir erneut einen Partner, weil ich bei aller Sympathie mein neues Haus nicht allein auf diesen zehn oder fünfzehn Mädchen aufbauen konnte, die sich bei mir gemeldet hatten. Aber diesmal passte ich besser auf und sah meinem Kompagnon genau auf die Finger. Dabei lernte ich von der Pieke auf das Kernstück des Geschäfts: das Engagement von Prostituierten.

So entstand mein erstes Haus in Linz, der Napoleonhof, ein ehemaliges Hotel mit Gasthof, das wir für unsere Zwecke umbauten. Plötzlich war ich der direkte Konkurrent jener Leute, für die ich früher die Amtswege erledigt hatte. Und in dieser Branche, das wusste ich zu diesem Zeitpunkt schon, ist es nicht so, dass man einander bei einem neuen Markteintritt einfach viel Glück und einen fairen Wettbewerb wünscht. Ich konnte mich also auf einiges gefasst machen und ich habe tatsächlich auch einiges erlebt.

Die meisten Bauchschmerzen in meiner Laufbahn als Bordellbetreiber hatte ich dennoch in den ersten drei Monaten im Napoleonhof, obwohl ich mich eigentlich darüber freuen hätte können, nach der Kinopleite einen zweiten Start geschafft zu haben und endlich wieder mein eigener Chef zu sein. Der Grund für meine Sorgen war, dass ich so ein Haus zwar auf der Marketingebene bereits recht gut zu führen verstand, aber immer noch auf Agenturen angewiesen war, um genug Nachschub an Prostituierten zu bekommen. Und mit diesen Agenturen zu arbeiten, war nicht mein größter Wunsch. Denn ein weniger feiner Name für die Menschen, die solche Agenturen betreiben, wäre: Menschenhändler. Auch wenn offiziell mein Partner für diesen Bereich zuständig war, und damit auch das Risiko trug, war mir trotzdem permanent unwohl bei dem Gedanken, dass einige der Mädchen, die auf diese Weise zu uns fanden, diesen Schritt womöglich nicht freiwillig getan hatten. Sie werden jetzt vielleicht sagen: »Das Geld haben Sie genommen, und jetzt zerdrücken

Sie eine Krokodilsträne wegen der Zwangsprostituierten, mit denen Sie es verdient haben.« Sie können das natürlich so sehen und Sie können mir glauben oder auch nicht. Mir ist es jedenfalls nie recht gewesen, dass diese Dinge so gelaufen sind, wie es im Milieu eben üblich war. Und nach relativ kurzer Zeit hatten wir auch genug Kontakte aufgebaut und legale Mittel gefunden, um den Zustrom an Mädchen in unser Haus selbst zu organisieren und die Menschenhändler auszuschalten. Seither gibt es bei mir keine Zuhälterei und keinen Zwang mehr, da können Sie jedes einzelne Mädchen fragen, das in meinen Häusern Geld verdient.

Mit dem Napoleonhof erlebte ich ein paar gute Jahre. Aber eines Tages ergab sich die Gelegenheit, mich um die Nachfolge des Saunaclubs Goldentime in Wien zu bewerben. Der Club und sein damaliger Besitzer waren im Zuge eines Polizeiskandals in die Schlagzeilen geraten, bei dem die Führungsspitze der Wiener Kripo involviert war. Das gesamte damalige Management des Goldentime wanderte ins Gefängnis und der Club wurde vorübergehend geschlossen.

Ich machte mir keine großen Hoffnungen, bei der darauffolgenden Ausschreibung den Zuschlag für die Führung des Goldentime zu bekommen. Ich hatte viel in den Napoleonhof investiert und war deshalb der finanziell schwächste Bieter. Aber ich hatte einen unschätzbaren Vorteil: Ich war ohne typische Milieu-Biografie in die Branche eingestiegen. Die Hausbesitzer, die den Pachtvertrag vergaben, checkten die Vergangenheit der Bewerber durch und stellten fest, dass ich sauber war. Außerdem überzeugte sie mein Konzept und endlich war ich am Ziel: Der Saunaclub Goldentime ist die

Verwirklichung dessen, woran ich in all den Jahren kontinuierlich gearbeitet habe.

Vielleicht drängt sich Ihnen die Frage nach meinem Gewissen auf. Schließlich verdiene ich Geld mit dem Schicksal von Frauen, die ihren Körper verkaufen. Aber ich habe kein schlechtes Gewissen. Sonst würde ich dieses Buch nicht schreiben. Sonst wäre ich nicht schon gemeinsam mit Geistlichen bei Podiumsdiskussionen über Moralfragen aufgetreten. Und sonst würde ich nicht mittelfristig die Emission von Aktien von Rotlichtbetrieben überlegen, um eines Tages auch Kleinanleger an den dort erzielbaren Gewinnen teilhaben lassen zu können. Sie mögen die Prostitution und alles, was damit zusammenhängt, für ein schmutziges Geschäft halten und in gewisser Hinsicht haben Sie sicher auch recht damit. Ich habe dieses Buch nicht geschrieben, um die Schattenseiten der Prostitution zu leugnen und den Bordellbetrieb durch eine rosarote Brille zu zeigen. Das wäre völlig uninteressant. Sie werden hier auch genug von den Abgründen dieser Branche zu lesen bekommen. Trotzdem werden Sie vielleicht überrascht sein, wenn Sie feststellen, dass vieles anders läuft, als das Klischee es will. Der Schmutz, den Sie mit Prostitution verbinden, liegt wahrscheinlich im Wesen jeglicher Geschäftemacherei. Wenn Sie meinen Job unmoralisch finden, dann fragen Sie sich deshalb bitte einmal ganz ehrlich: Wie moralisch ist eigentlich Ihrer?

GESCHÄFTSMODELL SAUNACLUB

Ich bin Betreiber des bekanntesten Wiener Saunaclubs. Wenn Sie noch nie in einem solchen Club waren, stellen Sie sich die Sache vielleicht so vor: eine heruntergekommene, schmuddelige Sauna, in der sich bei schummrigem Licht ein paar verschwitzte Prostituierte tummeln, und am Ausgang ein dicker haariger Mann mit Sonnenbrille, Goldkette und Taschenmesser, der aufpasst, dass die Besucher auch brav ihr Geld abliefern. Sie brauchen sich nicht zu genieren, wenn Ihre Vorstellung derjenigen entspricht, die ich gerade geschildert habe. Noch nie in einem Saunaclub gewesen zu sein, ist ebenso wenig eine Schande, wie regelmäßig einen zu besuchen.

Immer wieder habe ich festgestellt, dass gerade Frauen ausgesprochen neugierig sind, zu erfahren, wie ein Amüsierbetrieb des 21. Jahrhunderts von innen wirklich aussieht. Ich verstehe das. Bordelle und andere Lokale des Rotlichtmilieus gehören zu den letzten tabuisierten Räumen unserer Zeit. Einmal abgesehen von Freimaurerlogen und der katholischen Kirche gibt es nicht mehr viele Gemeinschaften, die Frauen den Einlass grundsätzlich verbieten. Da verbotene Dinge bekanntlich besonders verlockend sind, suchen Frauen immer wieder auf die eine oder andere Art Zutritt zum Goldentime.

Einmal hatte ich einen Termin mit einer Journalistin, die eine Zeitungsgeschichte über meine Börsepläne schreiben sollte. Ich wollte mich in einem Kaffeehaus mit ihr treffen, aber sie bestand auf einem Interview in meinem Büro. In solchen Fällen drängt sich mir immer der gleiche Verdacht auf: Die Vorstellung, ein Interview in einem Raum zu führen, der sozusagen nur eine Handbreit entfernt liegt von schmutzigem käuflichem Sex, hat eine äußerst erregende Wirkung auf die meisten Journalistinnen. Dabei kaufe ich ihnen durchaus ab, dass ihr Interesse grundsätzlich professioneller Natur ist. Ich glaube nur, dass es sie außerdem noch gewaltig juckt, wenn sie in ihren Businesskostümen auf meinem Bürosessel hin- und herrutschen, das Diktafon bedienen und sich dabei vorstellen, wie es wäre, in ganz anderer Position hier zu arbeiten. Wobei sie übrigens mit an Sicherheit grenzender Wahrscheinlichkeit mehr verdienen würden als in ihrem Pressejob. Sie finden das sexistisch? Dann darf ich Ihnen verraten, dass die betreffende Journalistin nach dem Interview, das ich ihr natürlich wunschgemäß in meinem an und für sich sehr nüchternen Büro gab, genau das zugegeben hat. Die Vorstellung, als Prostituierte zu arbeiten, habe immer schon zu ihren intensivsten erotischen Fantasien gehört. Und sie ist damit ganz sicher kein Einzelfall.

Ein andermal absolvierte ich aus dem gleichen Anlass, meinen Plänen einer »Red-Business-Aktie«, eine Pressekonferenz. Anschließend lud ich die anwesenden Journalisten noch zu einer Besichtigungstour durch das Goldentime ein. Es waren zwei Dutzend Männer und Frauen bei diesem Pressetermin anwesend. Was meinen Sie, wie viele davon mitkamen? Von den Männern waren es nicht mehr als zwei bis drei. Im Gegensatz dazu war die Quote bei den Frauen hundert Prozent: Keine Einzige wollte sich diese Chance entgehen lassen.

Ich kann die Frauen verstehen, und ich habe durchaus das Bedürfnis, ihr Interesse zu befriedigen. Im regulären Betrieb kann ich den Club aber für Frauen, die dort nicht ihrer Arbeit nachgehen, nur in Ausnahmefällen öffnen. Viel zu oft kreuzt eine Ehefrau bei uns auf und fordert Zugang zum Lokal, wobei sie eindeutig gewalttätige Absichten verfolgt – gegenüber ihrem Mann und eventuell auch gegenüber dem hübschen Mädchen, an deren Brüsten er gerade Trost findet.

Sollten Sie – egal ob Mann oder Frau – zu den Leuten gehören, die noch nie in einem Saunaclub waren, hier vorneweg noch ein paar Grundlagen über das Wesen eines Saunaclubs. In ein normales Bordell gelangen Sie gratis, sofern Sie ein Mann und daher als Kunde identifiziert sind, werden aber schnell von ein paar Damen begrüßt, die mit Ihnen einen Piccolo Sekt trinken möchten. Ein nettes Angebot eigentlich. Nur kostet der Piccolo naturgemäß mehr als die Magnumflasche im Supermarkt. Und selbstredend wollen die Damen nicht nur nett einen mit Ihnen trinken. Sie sind auf einen Geschäftsabschluss aus, als ob es kein Morgen gäbe. Wenn Sie lieber in Ruhe an einem Glas nippen, verschiedene Mädchen betrachten und erwägen wollen, mit welcher Sie heute noch ein nettes halbes Stündchen verbringen wollen oder ob Sie doch lieber wieder heimgehen, werden Sie spätestens nach dem dritten »nein« dem Getuschel um sich entnehmen, dass Sie für schwul oder pleite gehalten werden. Das ist nicht besonders sexy, trotzdem greifen Sie sich in so einer Situation lieber die erstbeste Asiatin, auch wenn sie ein Gebiss wie Ihr

Urgroßvater und einen Arsch wie dessen Lieblingskuh hat. Auf einem speckigen Sofa drücken Sie mit ihr eine Nummer durch, bei der Sie sich die ganze Zeit fragen, ob die Nutte nicht eigentlich Sie für diesen Fick bezahlen sollte statt umgekehrt. Sei's drum. Leer gepumpt, aber nicht unbedingt zufrieden verlassen Sie eilig den Laden, um nicht noch einen Piccolo aufgedrängt zu bekommen. Sie treten hinaus auf die Bordellmeile, schnappen sich ein Taxi und fühlen sich innerlich darin bestätigt, dass das Rotlichtmilieu genauso beschissen wie sein Ruf ist.

Natürlich muss es nicht so sein. Es gibt drei Alternativen, um die Zeit in einem Bordell etwas angenehmer zu verbringen. Sie können tiefer in die Tasche greifen. Im Wiener Edelpuff Babylon legen Sie für den Abend locker fünfhundert Euro ab. Aber so viel Geld geben Sie dann doch vielleicht lieber für etwas anderes aus. Oder Sie können auf üblere Formen illegaler Prostitution zurückgreifen – aber so ein Arschloch sind Sie doch nicht, oder? Bleibt noch der Saunaclub. Dort zahlen Sie an der Rezeption achtzig Euro und bekommen einen frisch gewaschenen weißen Bademantel und ein ebensolches Handtuch sowie einen Kästchenschlüssel für Ihren Badespind ausgehändigt. In der Garderobe, die der eines Fitnesscenters ähnelt, duschen Sie erst einmal in Ruhe und ziehen sich um. Dann packen Sie die in Plastik verschweißten Pantoffeln aus, die Sie in ihrem Spind gefunden haben und schlendern in einen weitläufigen Raum. Dort befinden sich vierzig bis fünfzig nackte Mädchen, die Sie freundlich anlächeln, ohne sich aber auf Sie zu stürzen. Stattdessen räkeln sie sich auf ihren Handtüchern, plaudern entspannt mitei-

nander oder kraulen dem einen oder anderen Zeitung lesenden Mann im Bademantel den Nacken. Niemand baggert Sie an und niemand drängt Ihnen Sekt auf, stattdessen sind alle Softdrinks an der Bar gratis. Sie bemerken ein Buffet, das Sie an das eines Hotels erinnert und bei dem Sie unter anderem zwischen zwei verschiedenen Menüs wählen können.

Draußen plantscht ein Gast mit zwei Mädchen im Swimmingpool, und während Sie gerade anfangen, die an einen Freizeitclub erinnernde Atmosphäre zu genießen, werden Sie angesprochen. »Also doch«, denken Sie und verspannen sich innerlich ein wenig. Das Mädchen ist einundzwanzig, aus Rumänien, strohblond, schlank und nackt bis auf die Schuhe. Die Haare auf ihrer Pussy sind zu einem schmalen golden glitzernden Streifen gestutzt. »Willst du ein bisschen Spaß?«, fragt sie und schaut Sie an wie ein gefallener Engel. Die Aussicht reizt Sie natürlich, aber Sie lehnen ab, allein schon aus Neugier, wie die Kleine darauf reagieren wird. Sie lächelt freundlich, zwinkert Ihnen zu und kehrt zu ihrem Handtuch zurück.

Das war's? Sie sind noch etwas ungläubig. Heißt das etwa, dass Sie sich so lange Sie wollen hier aufhalten, essen und Drinks schlürfen, saunieren und schwimmen und sich dabei auch noch viele hübsche nackte Mädchen ansehen können und niemand Sie drängt, mit einer davon in ein Séparée zu verschwinden? Genau das heißt es. Und da Sie zu nichts gedrängt werden, sich im wahrsten Sinne des Wortes ungezwungen fühlen, merken Sie, wie Sie langsam Lust bekommen. Nach einer Phase des entspannten Beobachtens, die zehn Minuten oder auch ein paar Stunden dauern kann, ganz wie es Ihnen beliebt, entscheiden Sie sich für das Mädchen, das Ihnen am besten gefällt. Es ist doch wieder die einundzwanzigjährige Blondine, die artig wie ein Kätzchen auf ihrem Handtuch gewartet hat, bis Sie ihr mit dem Kopf ein Zeichen geben, dass sie herüberkommen soll. Weil alles so gut läuft, werden Sie immer lockerer. Sie sind der Chef hier, das spüren Sie. Der Klaps, den Sie der Kleinen auf den Hintern geben, kommt aus dem Handgelenk. James Bond hätte das nicht gelassener hinbekommen.

Und tatsächlich: Wie eines dieser willigen Bondgirls senkt sie ein wenig beschämt, aber lüstern den Blick. Beiläufig klären Sie das Geschäftliche: sechzig Euro für eine halbe Stunde, da sind Blasen und Ficken inkludiert, alles Weitere gegen Aufpreis. Sie ziehen sich mit Ihrem Mädchen in ein Séparée zurück und dort … – nun ja, was genau Sie dort mit ihr tun, das überlasse ich wirklich lieber Ihrer persönlichen Fantasie, anstatt es hier vor aller Welt auszuplaudern.

Tatsache ist, dass all das in einer anregenden und entspannten Atmosphäre geschieht und dass Sie dafür nicht annähernd so viel bezahlen müssen wie in einem Bordell desselben Niveaus. Und das, obwohl Sie hier nicht einfach nur Sex, sondern einen ganzen entspannten Wellnesstag bekommen, wenn Sie sich entsprechend viel Zeit nehmen.

Sie können natürlich sagen, das klingt Ihnen alles zu sehr nach Werbung. Und einige von Ihnen werden den Einwand erheben, dass Sie Prostitution sogar noch abstoßender finden, wenn sie so im Schafspelz daherkommt, so komfortabel und wohlriechend, so clean. Dass käuflicher Sex wenigstens als das sichtbar sein sollte, was er tatsächlich ist: ein brutales Geschäft an der Grenze zur Illegalität. Eine Randzone der Gesellschaft. Ein Bereich, den ein guter Bürger lieber nicht aufsucht und wenn, dann aber bitte schön mit schlechtem Gewissen. Ich habe schon Leute getroffen, die mir ins Gesicht gesagt haben, wie sehr es sie ankotzt, dass ich versuche, den Besuch eines Saunaclubs als Normalität darzustellen, ihn gesellschaftsfähig zu machen – durch die Inszenierung, die ich in meinem Etablissement biete. Was diese Leute übersehen, ist, dass es bei dieser »Inszenierung« nicht nur um die Kunden geht. Der vielleicht größte Unterschied zwischen einem klassischen Bordell und einem Saunaclub betrifft die Mädchen und ihre Arbeitsbedingungen.

In einem Saunaclub arbeitet jedes Mädchen auf eigene Rechnung. Das bedeutet, dass die Prostituierten, die in meinem Club ihrer Profession nachgehen, nicht meine Angestellten sind, im Gegensatz zu den Sicherheitsleuten, den Barfrauen und dem Reinigungspersonal. Für den Unkundigen klingt das vielleicht zunächst nach noch mehr Unsicherheit. In Wirklichkeit ist aber das Gegenteil der Fall und ich erkläre Ihnen auch gerne, warum. In einem normalen Bordell, in dem die Mädchen üblicherweise am Ende der Nacht mit dem Betreiber abrechnen, müssen sie einen Anteil an ihn entrichten. Der Chef weiß bei jeder Einzelnen genau darüber Bescheid, wie viele Kunden sie hatte, und letztlich ist es eine Frage seines Wohlwollens, wie groß ihr Anteil an dem ist, was sie verdient hat. Natürlich wird kein Bordellbetreiber diese Praxis offiziell bestätigen, sonst läge ja Zuhälterei vor, die wie gesagt illegal ist. Und doch läuft es in den allermeisten Fällen genau so ab. Selbst wenn ein Mädchen Glück mit ihrem Chef hat, ist sie unter diesen Bedingungen abhängig und ausgeliefert.

Ein Beispiel aus meiner Zeit als Geschäftsführer in Linz: Wie schon erwähnt hatte ich einen guten Draht zu den Mädchen, obwohl ich theoretisch nur für die Finanzgebarung des Hauses zuständig war. Eines dieser Mädchen, Larissa, hatte nur kurze Zeit bei uns gearbeitet und war dann zu einem Konkurrenzlokal gewechselt, weil sie dort mehr zu verdienen gehofft hatte. Der Club war schicker, die Freier waren betuchter und am Ende würde mehr Kohle für sie herausspringen – das war ihr Kalkül gewesen. Da derlei nicht in meinen Zuständigkeitsbereich fiel, beschädigte Larissas Wechsel unser Verhältnis nicht. Im Gegenteil: Wir hatten schon vorher gerne Branchenerfahrungen ausgetauscht, und jetzt, da sie in einem anderen Lokal arbeitete, war es umso interessanter zu hören, was sie zu erzählen hatte. Bald bemerkte ich allerdings, dass es um Larissas Stimmung nicht zum Besten bestellt war. Zunächst hatte sie noch in den höchsten Tönen von ihrem neuen Arbeitsplatz geschwärmt. Aber jetzt wurde sie bei unseren Treffen immer stiller und kleinlauter, wenn die Rede auf ihre Arbeit kam.

Larissa war keines von den Mädchen, die Scham empfinden wegen der Art und Weise, wie sie ihr Geld verdienen. Überhaupt ist diese Scham zumeist eher ein Produkt männlicher Fantasie und kommt in der Realität recht selten vor. Ich frage mich manchmal sogar, ob nicht eine gute Portion Sexismus dabei ist, wenn Männer erwarten, Prostituierte hätten sich für ihre Arbeit zu schämen. Die Vorstellung vom unbedarften jungen Mädchen, das in diese Profession hineinrutscht und es dann sein Leben lang bereut, ist weit verbreitet. Zutreffend ist sie sicher für gewisse Formen der Zwangsprostitution, die in unseren Breiten zumeist in Privatwohnungen und hinter verschlossenen Türen stattfindet. Je selbständiger die Mädchen aber ihrer Arbeit nachgehen, umso mehr wird diese Scham durch geschäftliches Kalkül ersetzt, das viele Männer einem jungen, rehäugigen Mädchen nicht zutrauen würden. Und doch sind es oft gerade diese blutjungen Mädchen, die am genauesten wissen, was sie tun: Sie steigen für ein paar Jahre in das Geschäft ein und, sobald sie ihre Zielsumme erwirtschaftet haben, auch wieder aus. Was sie dabei nicht brauchen können, sind Zuhälter und Bordellbetreiber, die unangemessen an ihrem hart verdienten Geld mitschneiden.

Genau so ein Mädchen war Larissa und deshalb gefiel mir ihre plötzliche charakterliche Veränderung ganz und gar nicht. Die Scham, von der ich gerade gesprochen habe, ist immer ein Zeichen von Schwäche. Genau deshalb kommt sie eigentlich nur dort vor, wo Mädchen unter der Kontrolle von jemand anderen stehen: Das macht sie schwach, kontrollierbar, ausgeliefert. Und genau dafür schämen sich Menschen im Allgemeinen viel mehr als für den Verkauf sexueller Dienste jedweder Art. Bei Larissa kam noch etwas anderes dazu, von dem ich nicht genau wusste, was es war. Angst vielleicht?

Sie müssen nicht denken, dass ich den guten Samariter spielen wollte und mich damals deshalb so sehr für diese Sache interessierte. Gut, wie sie sich wahrscheinlich mittlerweile schon gedacht haben, standen wir uns etwas näher, sie und ich. Das kommt in meiner Branche immer wieder vor. Gerade deshalb, weil so etwas kein Einzelfall bleibt, lasse ich aber in diesen Dingen keine Liebe entstehen. Bei mir nicht und auch bei den Mädchen nicht. Das klingt für Sie vielleicht übertrieben nach einer Harter-Bursche-Attitüde, aber: Diese Branche ist einfach nicht der richtige Ort für Liebe. Auch wenn man sich mit einem Mädchen einmal besser versteht: Man kann sich in diesem Geschäft keine Abhängigkeit leisten. Als Prostituierte nicht und als Geschäftsführer oder Betreiber eines Lokals schon gar nicht. Deshalb führe ich die Mädchen in dieser Hinsicht nicht aufs Glatteis. Das würde nur nach hinten losgehen und mir am Ende selber Schwierigkeiten bereiten.

Der langen Rede kurzer Sinn: Larissa war an einen klassischen Zuhälter geraten. Und zwar an keinen guten. Er misshandelte sie zwar nicht, aber er befand sich trotzdem in einem ausbeuterischen Machtverhältnis zu ihr. Als ich dahinter gekommen war, verstand ich zunächst einmal nicht, wie Larissa so etwas hatte passieren können. Eigentlich wusste sie doch genau Bescheid, was es zu vermeiden galt, um den Rubel am Rollen und die Zuhälter auf Distanz zu halten. Aber dann stellte sich heraus, dass ihre Gier sie in diese Situation hineingeritten hatte. Der Typ, dem sie jetzt Geld abliefern musste, war ihr Türöffner in den neuen Club gewesen. Er war ein Freund des Betreibers und hatte ihr dieses Lokal in den buntesten Farben beschrieben. Anfangs wollte er nur eine kleine Vermittlungsgebühr von ihr. Aber dann kam er doch jeden Abend kassieren. Als Larissa versuchte, ihn über ihren tatsächlichen Tagesverdienst zu täuschen, fiel ihr der Chef des Clubs in den Rücken. Da ihr Zuhälter sie vermittelt hatte, war der Chef ihm etwas schuldig. Das beglich er, indem er ihn Einsicht in ihre Abrechnungen nehmen ließ.

Ich will Sie nicht mit einer Moral aus dieser Geschichte langweilen. Was ich Ihnen gerade erzählt habe, dokumentiert schlicht die Art, wie das Geschäft im Milieu oft abgewickelt wird. Ich wusste damals sehr viel weniger darüber als heute, und ich will gar nicht behaupten, dass diesem Mädchen etwas Ähnliches nicht auch bei uns im Napoleonhof passieren hätte können, womöglich sogar, ohne dass ich davon etwas mitbekommen hätte. Ich habe Ihnen die Geschichte nur deshalb erzählt, weil sie Laien deutlich den Unterschied zwischen einem herkömmlichen Bordell und einem Saunaclub vor Augen führt.

In einem Saunaclub nämlich funktioniert das Geschäft anders: Die Mädchen bezahlen am Eingang ihren Eintritt, genau wie jeder Kunde, nur dass es bei uns im Goldentime sechzig statt achtzig Euro sind, die sie zu berappen haben. Danach gehen sie im Club ihrem Geschäft nach. Ob sie im Lauf des Tages zwei oder zwanzig Kunden haben, ist ganz allein ihre Sache. Ebenso, ob jeder dieser Kunden ihnen nur die üblichen sechzig Euro für die halbe Stunde bezahlt oder ob er sehr viel mehr springen lässt – für Spezialservices aller Art. Ich als Chef des Hauses verdiene an dem durch Prostitution umgesetzten Geld keinen einzigen Cent. Was die Kunden für sexuelle Dienste bezahlen, bleibt zu hundert Prozent bei den Mädchen. Meinen Verdienst lukriere ich einzig und allein aus Eintrittsgeldern für diese Spielwiese, die sich Saunaclub nennt.

Sie meinen, das mache doch im Endeffekt keinen Unterschied? Dieses Modell sei nur ein billiger Trick, um sich legal um die Ecke zu schummeln, und im Endeffekt gehe es doch wieder nur um Zuhälterei? Nun, wenn Sie das denken, liegen Sie völlig falsch. Die Mechanismen, die Mädchen in einem herkömmlichen Bordell in die Abhängigkeit von ihrem Chef und / oder ihrem Zuhälter bringen, gibt es in einem ordentlich geführten Saunaclub nicht. Die Mädchen, die hier den Status von Kleinunternehmerinnen haben, gehen einem anstrengenden, psychisch wie physisch belastenden Erwerb nach, das schon. Aber im Gegensatz zur üblichen Abwicklung der Prostitution werden sie dafür auch in einem angemessenen Ausmaß entlohnt: Niemand hält die Hand auf, wenn sie am Ende eines harten Arbeitstages Kassa machen. Das Ganze ist vergleichbar mit dem Ausschalten der Zwischenhändler in anderen Branchen. Überall gibt es einen Trend dazu, ein Produkt oder eine Dienstleistung möglichst direkt beim Produzenten einzukaufen. Das ist gut für die Kunden, weil sie beim Kauf an die Quelle gehen. Und es ist auch gut für die Produzenten, weil sie nicht von Leuten übers Ohr gehauen oder erpresst werden können, die mit dem Weiterverkauf ihres Produkts mehr Geld verdienen als sie selbst.

Nun könnten Sie noch einwenden: Der Betreiber eines Saunaclubs ist doch noch immer eine Art Zwischenhändler. Aber genau dieser Einwand führt uns zum zweiten wichtigen Grund, warum ein Saunaclub dem klassischen Bordell überlegen ist, ob es nun um die Interessen der Kunden oder die der Mädchen geht. Seine Atmosphäre ist nicht nur für den Kunden entspannter und anregender, sie ist auch sicherer für die Mädchen. Zum Beispiel gibt es in einem Saunaclub keine besoffenen Freier. Im Gegensatz zu einem Bordell finanziert er sich überhaupt nicht durch den Verkauf von überteuertem Alkohol. Alkohol ist im Goldentime die Ausnahme und kann nur in geringen Mengen und mittels Kauf von Bons am Eingang bestellt werden. Die Zahl der Bons, die wir pro Kunde ausgeben, ist strikt begrenzt. Niemand kann sich hier einen Rausch antrinken. Die Mädchen sind dadurch nicht der Aufdringlichkeit und der potenziellen Gewalt Betrunkener ausgeliefert. Insgesamt garantiert der Wellness-Charakter eines Saunaclubs den Mädchen außerdem ein Arbeitsumfeld, das der Situation in so ziemlich jedem normalen Bordell vorzuziehen ist. Vom größeren Ausmaß an Schutz, den der Club im Vergleich zur individuellen privaten Ausübung der Prostitution bietet, ganz zu schweigen. Dafür sind die sechzig Euro Eintritt, die jedes Mädchen bei mir pro Tag bezahlt, nicht besonders viel, finde ich.

DIE DIENSTLEISTERINNEN

Bei der Frage, ob die Mädchen das Geld, das sie erwirtschaften, behalten dürfen, geht es nicht um ein Butterbrot. In einem florierenden Saunaclub kann eine Prostituierte zwischen zehn- und fünfzehntausend Euro monatlich verdienen. Es geht hier also darum, sich vielleicht nach ein paar Jahren harter und anstrengender Arbeit zur Ruhe setzen zu können – oder eben nicht. Natürlich bringen es nur die Spitzenmädchen auf so hohe Einkünfte. Die weniger beliebten, weniger engagierten verdienen auch weniger: Fünftausend Euro monatlich bei etwa zwanzig Arbeitstagen ist ein normaler Verdienst für Mädchen dieser Kategorie. Das ist zwar das Bruttoeinkommen, aber den Mädchen bleibt davon ein wesentlich höherer Anteil als Ihnen von Ihrem Monatssalär. Prostituierte zahlen in Österreich einen fixen Einkommenssteuersatz von zweihundertfünfzig Euro im Monat. Nach Abzug dieses Betrages halten sie ihren Nettoverdienst in Händen und müssen sich nur noch selbst versichern. Der Grund für diesen niedrigen Steuersatz ist im Wunsch der Finanzbehörden zu finden, auf diesem Weg überhaupt Geld in den Budgettopf zu kriegen. Da Prostituierte keine Rechnungen ausstellen und das auch nicht müssen, ist es im Einzelfall schwer bis unmöglich, ihnen nachzuweisen, wie viel sie tatsächlich beziehungsweise dass sie überhaupt etwas verdient haben.

Nun ist es so: Der schönste Saunaclub funktioniert nicht ohne Mädchen. Wollte ich es pathetischer ausdrücken, könnte ich auch sagen: Die Mädchen sind die Seele des Clubs. Woher aber die Mädchen nehmen? Für mein Überleben im Rotlichtgeschäft war das, wie schon angedeutet, anfangs der Knackpunkt. Ich war Geschäftsmann, kein Zuhälter, und ich wollte für meine Geschäfte auch nicht zum Zuhälter werden. Nicht nur – und das will ich gar nicht leugnen – aus Altruismus, sondern weil mir damals wie heute die Aussicht nicht behagt hätte, immer nur einen kleinen Schritt von der Verhaftung entfernt zu sein.

Trotzdem kam ich in meinen Lehrjahren im Napoleonhof natürlich mit Zuhältern in Kontakt. Ich habe dabei schnell gelernt, was für Arten dieser eher unangenehmen Zeitgenossen es gibt. Wobei Zeitgenossen vielleicht nicht mehr lange der richtige Ausdruck ist. Denn Zuhälter sind ein Auslaufmodell.

Ich kannte einmal einen – er nannte sich Larry –, der glaubte, er werde sein Leben lang in diesem Metier eine ruhige Kugel schieben können – denn de facto arbeitet ein Zuhälter ja nicht, er kontrolliert nur. Larry war ein großer Fan dieser US-amerikanischen Filme, in denen die Pimps mit ihren fetten Limousinen durch die Straßen rollen und da und dort ein paar Scheine einstecken. Sie brauchen kaum je mehr als ein Springmesser, um ihre Probleme zu lösen, weil sie von einer solchen Aura der Macht und der Gewalt umgeben sind, dass ihnen alles und jeder zu Diensten ist. Larry war aus Linz und hieß eigentlich Lukas. Lukas hieß aber keiner der Typen aus den Filmen, die er sich immer ansah, nicht einmal Lucas mit c, so hießen höchstens die Laufburschen, die irgendwann nicht mehr zurückkamen, weil die Konkurrenz oder ein unzufriedener Kunde sie abgestochen hatte. Deshalb nannte Lukas sich Larry und erwartete, dass es das Schicksal mit ihm ebenso gut meinen würde wie mit seinen televisionären Kumpanen. Immerhin brachte er einige Eigenschaften mit, die in diesem Job als Grundvoraussetzungen gelten dürften: ein gestörtes Verhältnis zu Frauen, übertriebene Gewaltbereitschaft und den festen Vorsatz, Geld mit der Arbeit anderer Leute zu verdienen. Das war Larry.

Seit ein paar Jahren schiebt Larry seine ruhige Kugel im Gefängnis. Ich weiß nicht, ob er beim Fernsehen immer abgeschaltet hat, bevor der Schluss der Geschichte kam. Der Teil, wo den Zuhälter seine gerechte Strafe durch die göttliche Hand der Gerechtigkeit, die amerikanische Polizei, ereilt. Anders ist es eigentlich nicht zu erklären, dass Larry offenbar fix damit gerechnet hatte, ad infinitum so weitermachen zu können. Ich würde ja mutmaßen, dass die damalige österreichische Gesetzeslage ihn zu diesem Leichtsinn verleitet hat. Nur bezweifle ich, dass Larry die Gesetze überhaupt kannte.

Wie dem auch sei, in den vergangenen Jahren wurden die Anti-Zuhältereigesetze in Österreich dermaßen verschärft, dass das Leben für die Angehörigen dieser »Berufsgruppe« ziemlich schwer geworden ist. Früher musste schon einiges an Evidenz vorliegen, inklusive Vorstrafen und Gewaltdelikten, damit ein der Zuhälterei Verdächtiger wirklich für mehr als ein paar Monate ins Gefängnis musste. Bis in die Neunzigerjahre bestrafte der Gesetzgeber bei Prostitutionsdelikten in erster Linie die Frauen. Diese Tendenz ist noch immer nicht gänzlich aus den einschlägigen Paragrafen getilgt. Es ließe sich noch einiges tun, um die legalen Formen von käuflichem Sex zu schützen und die illegalen Auswüchse zu bestrafen. Auch wenn sich das eine nie eindeutig vom anderen trennen lassen wird.

In jedem Fall ist das Zuhältereiwesen aufgrund neuer Gesetze zunehmend auf dem Rückzug, um nicht zu sagen: Es stirbt aus. Von Zuhälterei spricht im Milieu übrigens kaum jemand. »Agentur« hingegen ist nach wie vor ein gängiger Ausdruck. Er klingt fast glamourös nach Schauspielervermittlung, bleibt aber eigentlich nur ein Euphemismus für das hässliche, aber zutreffendere Wort: Menschenhändler. Die Zeiten, in denen diese Agenturen oft ein ganzes Portefeuille an verschiedenen Mädchen anzubieten hatten, von denen sie entweder Fotos präsentierten oder sie gleich in Fleisch und Blut mitbrachten, sind aus den oben genannten Gründen auch so ziemlich vorbei. Was es aber sehr wohl noch gibt – und in letzter Zeit sogar wieder verstärkt –, das ist der Kleinzuhälter. Es ist zumeist nicht mehr als ein einziges Mädchen, das er sich gefügig gemacht hat und das jetzt für seinen Lebensunterhalt sorgen soll. Erst wenn ihm diese Geldquelle unter der Hand versiegt, schaut er sich nolens volens nach einer neuen um.

Diese Form der Zuhälterei ist vom Gesetz sehr viel schwerer zu erfassen und daher für denjenigen, der sie ausübt, weniger risikoreich. Die Kleinzuhälter gehören zu jener Gruppe, die ich als »unseriöse Vermittler« bezeichnen möchte. Sie teilen sich in zwei Unterkategorien: Die einen bringen ihre Opfer über Geld in ihre Gewalt, die anderen über die Liebe. Die

Herren der ersten Kategorie sind besonders in Krisenzeiten, wenn das Geld knapp ist, in ihrem Element. Kleinzuhälter können ja mit Mädchen, die von sich aus beschließen, mit Sex Geld zu verdienen, nichts anfangen. Diese Mädchen haben keine Schmarotzer nötig. Und wenn sie wirklich einmal ein Bedürfnis nach Schutz haben, wenden sie sich bestimmt nicht an solche halbstarken Gestalten, wie Kleinzuhälter es üblicherweise sind.

Deswegen müssen die sich ihre Cashcows anders suchen. Was liegt da näher, als die finanzielle Notlage von Shopping Victims und anderen Süchtigen auszunutzen? Tatsächlich sind die Mechanismen, die junge Frauen in die Verschuldung und daraus folgend in die unfreiwillige Prostitution führen, meist ungeheuer banal. Da wir uns nicht in der Dritten Welt befinden, sind es nicht Hunger oder andere Grundbedürfnisse, die Mädchen, die eigentlich nie etwas mit dem Milieu zu tun haben wollten, in diesen Beruf drängen. Die moderne Kaufsucht ist einer der häufigsten Gründe. Überhöhte Handyrechnungen, teure Parfums, der unbedingte Wunsch, ein Auto zu besitzen und weiter zu erhalten, auch wenn kein Geld mehr da ist: Das sind die Trigger für die Schuldenfalle. In dieser Situation treffen die Mädchen einen Mann, der sagt: »Ich helf dir«. Er fragt sie, wie viel sie braucht. Sie sagt: zweitausend Euro. Das mag Ihnen lächerlich wenig vorkommen, aber ich schwöre Ihnen, es sind solche Summen, wegen derer Menschen verzweifeln. Auf ihre Bitte um zweitausend spendiert ihr der gewiefte Kleinzuhälter locker vom Hocker fünftausend Euro. Das ist sein Investment, und er geht wirklich nicht viel Risiko damit ein, weil die Reaktion erwartbar und fast immer gleich ist. Mit der Summe, die er ihr unter Freunden leiht, sind nicht nur die Schulden des Mädchens gedeckt. Sie verfügt damit auch über einen Polster, der es ihr ermöglicht, wie gewohnt weiterzukonsumieren. Irgendwann ist aber auch dieser Kreditrahmen überzogen, und dann steht sie wieder bei ihm auf der Matte. Ob er ihr vielleicht noch einmal … Aber jetzt sagt er: »Nein«. Und er lässt sie spüren, dass er gewillt ist, andere Saiten aufzuziehen, wenn sie ihre Schulden nicht bezahlt. Dazu kommen die neuen Schulden, die sie anderswo hat – auf der Bank, bei ihrem Handybetreiber, Briefe vom Inkassobüro hat sie auch schon bekommen. Sie ist endgültig am Boden. Und er wird auf einmal wieder freundlich: »Du, ich wüsste da was … brauchst dich um nichts kümmern, ich vermittle dich … in ein paar Wochen bist du die Schulden los …«

Der Betrag, mit dem sie zu diesem Zeitpunkt in der Kreide steht, ist für sie anders als mit Prostitution schon nicht mehr zu erwirtschaften. Da sie aber nicht auf eigene Rechnung arbeitet, sondern für ihren Gönner, kommt sie auch damit nicht aus der Falle, im Gegenteil. So fängt die Spinne ihre Fliegen.

Wie das Modell Liebe in der Kleinzuhälterei funktioniert, muss ich Ihnen wahrscheinlich nicht im Detail erklären. Überraschend finde ich nur immer wieder, wie sehr Menschen bereit sind, sich von jemandem kaputt machen zu lassen, in den sie sich einmal verliebt haben. Vor allem, weil sie andererseits selbst nicht zögern, Menschen, von denen sie selbst geliebt werden, in den Dreck zu stoßen, wenn es nur profitabel genug ist. Aber ich will hier nicht zu philosophieren beginnen.

Ihren Platz in der Gruppe der unseriösen Vermittler teilen sich die Kleinzuhälter mit den Proponenten der Zwangsprostitution. Die hat mit den Formen der Prostitution, von denen bisher in diesem Buch die Rede war, nicht mehr viel zu tun. Die echte, brutale Zwangsprostitution ist aber ein Phänomen, das so versteckt vor sich geht, dass ich Ihnen – leider oder zum Glück: wie man's nimmt – nicht viel darüber erzählen kann. Ich weiß, dass in Thailand, China, Vietnam, den Philippinen und Teilen Südamerikas die Praxis der Sex-Sklaverei ein Riesenproblem ist. In Europa halte ich die auf physischer Gewalt und Gefangenschaft basierende Zwangsprostitution für weitgehend unmöglich. Wer so etwas in größerem Stil aufzuziehen versucht, fliegt auf. Wenn schon, dann finden diese Dinge in Mitteleuropa wohl nur in Privatwohnungen statt. Da ich aber selbst damit nie in Kontakt gekommen bin, weiß ich darüber nicht mehr, als in den Zeitungen steht.

Es ist allerdings eine Frage der Definition, was man der Zwangsprostitution zuordnet und was nicht. Manche Leute fassen den Begriff so weit, dass eigentlich jede Form der Prostitution als Zwangsprostitution erscheint. Gemäß der Argumentation dieser Menschen sind es immer die Umstände, die eine Frau in die Situation bringen, in der sie sich gezwungen sieht, sich zu prostituieren.

Ich halte diese Definition gerade heraus gesagt für Unsinn. Man verwischt damit zum Schaden der Mädchen die Unterschiede zwischen Formen der Prostitution, die ihnen ein selbstbestimmtes Leben ermöglichen, und Extremfällen wie jenen, in denen ein Mädchen ohne jegliche Bezahlung und ohne je eingewilligt zu haben zum Sex gezwungen – also eigentlich vergewaltigt – wird.

Die Gruppe der unseriösen Vermittler wird komplettiert durch die sogenannten Schlepper, zumindest durch einen Teil von ihnen. Die Schlepperei, also das heimliche Über-die-Grenze-Bringen von Menschen, ist an sich schon verboten. Geht Schlepperei auch noch einher mit illegaler Prostitution, dem »Verkauf« der geschleppten Mädchen an einen Bordellbetreiber, handelt es sich laut Gesetz um Menschenhandel und der wird besonders hart bestraft.

Ich muss allerdings sagen, dass es auch bei den Schleppern entscheidende Unterschiede gibt. Unseriös würde ich diejenigen nennen, die nach vollbrachter Schlepperei in die Zuhälter-Rolle schlüpfen und bei dem Mädchen, das sie eigentlich nur vermitteln sollten, wieder und wieder kassieren kommen. Anders sieht es meiner Meinung nach bei jenen aus, die mit dem betreffenden Mädchen eine Einmalzahlung vereinbaren, und dann auch damit Vorlieb nehmen. Nach dem Gesetz ist beides Menschenhandel, und doch besteht moralisch ein großer Unterschied. Denn manche Mädchen, die sich durchaus freiwillig für die Prostitution entscheiden, sind aus Gründen ihrer Mentalität einfach nicht bereit, sich individuell und direkt an das Bordell zu wenden, in dem sie gerne arbeiten möchten. In diesem Punkt gibt es, ob Sie es glauben oder nicht, massive Unterschiede nach Nationalitäten. Eine Ungarin informiert sich im Internet, steigt ins Auto und kommt selbst nach Wien, um sich in einem Puff zu bewerben. Eine Rumänin oder Bulgarin traut sich das nicht. Sie kontaktiert stattdessen einen Vermittler ihres Vertrauens und lässt ihn alles Organisatorische übernehmen. Solange es beim vereinbarten Betrag bleibt, und sie dort ankommt, wo sie hinwollte, würde ich hier von einem »seriösen Vermittler« sprechen. Das ist aber auch schon die einzige Art von seriösen Vermittlern, die ich überhaupt kenne.

Es nützt einem als Bordellbetreiber allerdings wenig, diese Unterscheidung vorzunehmen. Wird man der Kooperation mit einem solchen Vermittler überführt, ist der Tatbestand der Beteiligung am Menschenhandel erfüllt, auf den ein paar Jahre Gefängnis steht.

Die Schlepper, Zuhälter und Vermittler müssen nicht zwangsläufig immer Männer sein. Vor einiger Zeit war die Polizei auf der Suche nach dem Kopf eines Zuhälterrings, der in Deutschland, Österreich und der Schweiz operierte. Beamte traten mit dem Wunsch an mich heran, eine verdeckte Ermittlerin als Barfrau ins Goldentime einzuschleusen. Die meisten Mädchen haben zu unseren Barfrauen ein sehr gutes Verhältnis. Die Mädchen verbringen im Club ja viel Zeit mit Warten auf den nächsten Kunden. Es ist bei ihnen genauso wie bei Männern, die viele Stunden in einer Bar sitzen und dann anfangen, ihre Sorgen dem Barmann anzuvertrauen. Und da die Polizei dieses Phänomen natürlich ebenfalls kennt, wollte sie es nutzen, um ihrer verdeckten Ermittlerin Zugang zu Informationen zu verschaffen, die sie sonst nirgendwo bekommen hätte. Ich stimmte diesem Vorschlag natürlich zu. Erstens kann es nie schaden, zur Polizei ein korrektes Verhältnis aufrecht zu erhalten. Und zweitens liegt die Aufdeckung von Zuhälterei-Strukturen durchaus auch in meinem eigenen Interesse.

Die Beamtin wurde also eingeschult und versah fortan mehrmals die Woche ihren Dienst als Barfrau im Goldentime. Zunächst kam nicht viel dabei heraus, weil es natürlich Zeit braucht, bis die Mädchen Vertrauen zu einer Unbekannten fassen. Aber dann, nach ein paar Wochen, platzte die Bombe: Durch die Beichte eines unserer Mädchen kam die Ermittlerin dahinter, dass ein anderes Mädchen selbst die Fäden in der Causa gezogen hatte. Vielleicht denken Sie dabei jetzt an eine abgebrühte ältere Prostituierte, die in diese Männerdomäne eingebrochen war. Weit gefehlt: Es handelte sich um eine zweiundzwanzigjährige Rumänin mit dünnem Stimmchen und Babyface. Sie arbeitete bereits einige Monate lang bei uns und war immer unauffällig geblieben. Doch dieses Mädchen hatte es geschafft, neben ihrer eigenen Arbeit als Prostituierte mehr als vierzig Mädchen in drei verschiedenen Ländern zu kontrollieren, zu vermitteln und bei jeder Einzelnen einen Anteil zu kassieren.

Als genug Beweise gegen das Mädchen vorlagen, griff die Polizei zu und nahm sie direkt in unserem Club fest. Wie ein erfahrener Knastbruder verzog sie keine Miene und ließ sich widerstandslos abführen. Ich plauderte ein bisschen mit der verdeckten Ermittlerin, weil es mich selbst interessierte, wie dieses unschuldig wirkende Wesen es geschafft hatte, all diese zum Teil wesentlich älteren Prostituierten unter ihrer Kontrolle zu halten. Körperliche Überlegenheit, die bei männlichen Zuhältern immer zumindest als unterschwellige Drohung wirksam ist, konnte es ja in diesem Fall nicht gewesen sein. Die Polizistin erklärte mir, dass die Kontrolle über psychischen und emotionalen Druck funktioniert habe. Als letzte Drohung war nicht körperliche Gewalt, sondern das Anschwärzen der Mädchen bei ihren Familien im Raum gestanden. Dazu müssen Sie wissen, dass viele Mädchen eine Art Doppelleben führen. Besonders bei denjenigen, die im Ausland wohnen, weiß oft auch ihr engstes soziales Umfeld nicht über ihren Beruf Bescheid. Zum Teil wohnen die Mädchen daheim noch bei ihren Eltern und geben vor, in Österreich einer angesehenen Arbeit nachzugehen. Da sie viel Geld mit nach Hause bringen, glaubt man ihnen. Es gibt sogar Fälle verheirateter Prostituierter, die wie ihre Männer unter der Woche arbeiten fahren und am Wochenende daheim ganz die glückliche Ehe- und Hausfrau spielen. Und nicht einmal ihr Mann weiß von ihrem Doppelleben. Wenn Sie das unglaubwürdig finden, kann ich Ihnen nur sagen: Menschen sind bereit, vieles zu verdrängen und Hinweise zu übersehen, solange das, was ihnen vorgespielt wird, ihren Wünschen entspricht. Denken Sie einmal darüber nach, was Sie schon alles in Ihrem Leben nicht so genau hinterfragt haben. Oder denken Sie lieber nicht darüber nach. Ich will Sie ja nicht unnötig unglücklich machen.

In emotionaler Hinsicht war diese Großzuhälterin also brutaler vorgegangen als ihre männlichen Kollegen. Und hatte damit offenbar überaus viel Erfolg gehabt. Dabei hatte die Sache eigentlich ganz harmlos angefangen. Nachdem sich herumgesprochen hatte, dass der Saunaclub für Zuhälter ein schwieriges Pflaster ist und dass ich der Zuhälterei in meinem Haus keinen Vorschub leiste, hatten die Mädchen im Goldentime begonnen, wirklich auf eigene Rechnung zu arbeiten. Das hatte für sie die beschriebenen Vorteile, aber auch einen großen Nachteil: Die Organisation ihrer Arbeit blieb plötzlich an ihnen selbst hängen. Sie mussten selber entscheiden, wann sie arbeiten wollten und wann nicht, mussten sich selber umsehen, wenn sie die Lokalität wechseln wollten und mussten untereinander ausmachen, wem welches Revier, welche Kunden und welche Arbeitsschichten zufielen.

Einige Zeit lang führte das zu einer erfreulichen Art der gemeinschaftlichen Selbstorganisation unter den Mädchen. Sie tauschten ihre Handynummern aus, ersetzten einander selbständig im Fall von Krankheit und halfen einander überhaupt in jeder nur erdenklichen Weise. Aber irgendwann, ich weiß nicht aus welchem Anlass, zersplitterte dieses System. Sei es, dass die allgegenwärtigen nationalistischen Gräben zwischen den Mädchen zu groß geworden waren oder dass es persönliche Streitereien und Intrigen gegeben hatte, die schließlich die Sache zum Kippen brachten. Ab diesem Zeitpunkt war die Situation für mich zunehmend undurchsichtiger geworden und selbst von den Mädchen, die ich besser kannte, erfuhr ich nur noch wenig darüber, wie es inzwischen lief. Irgendwann kristallisierte sich heraus, dass es einen ziemlich großen Fisch geben musste, der die Geschichte an sich gerissen hatte. Dass der Fisch einerseits so mächtig und andererseits ein Mädchen von gerade einmal zweiundzwanzig Jahren und fünfzig Kilo Körpergewicht war, das hätte ich allerdings niemals für möglich gehalten.

Dabei war diese Rumänin, wie ich inzwischen weiß, kein Einzelfall. Es gibt einen Trend zu weiblicher Zuhälterei und der kommt offenbar aus den Escort-Services. Dort wurden Frauen zunächst der Form halber als Chefinnen eingesetzt, weil sich herausgestellt hatte, dass sie im Fall des Falles mit viel geringeren Strafen zu rechnen hatten als Männer. Als die Mädchen begriffen, dass das funktionierte, zogen einige die Konsequenz daraus und setzten sich tatsächlich an die Spitze eines einschlägigen Unternehmens. Von dort schwappte die Entwicklung auf die Saunaclubs über, und ich versichere Ihnen, sie wird weiter voranschreiten, je dünner die Luft gesetzlich für die Männer wird, die in diesem Metier tätig sind. Passen Sie also auf, wenn Sie das nächste Mal die Dienste einer Prostituierten in Anspruch nehmen und vorhaben sollten, sie übers Ohr zu hauen. Auch wenn scheinbar weit und breit kein Zuhälter in Sicht ist: Der Rächer, der aufpasst, dass Sie genug bezahlen, könnte das Mädchen gleich neben dem sein, das sie sich ausgesucht haben – oder auch ihre Auserwählte selbst.

Aber eigentlich wollte ich Ihnen ja erzählen, wie die Anwerbung von Mädchen für meinen Club heute ohne Vermittler funktioniert. Eine der besten Möglichkeiten dafür sind Inserate. Sie werden jetzt sagen: »Moment, Sie inserieren doch nicht allen Ernstes in einer Zeitung, dass Sie auf der Suche nach neuen Prostituierten sind, oder?« Meine Antwort darauf lautet: Nein, denn das muss ich gar nicht. Es genügt, an den richtigen Stellen ganz normale Werbung für den Club zu platzieren. Die interessierten Mädchen fassen das dann schon richtig auf und melden sich bei uns. Die effizientesten Medien sind dabei keineswegs Rotlichtgazetten. Seltsamerweise gibt es zum Beispiel in Deutschland eine Zeitung mit Namen »Heim und Haus«, die voll mit derartigen Annoncen ist. Ich habe nicht den geringsten Schimmer, warum das so ist, aber mit einem Inserat in diesem Blatt sind offenbar diejenigen deutschen Frauen zu erreichen, die Interesse an einem Job als Prostituierte haben.

Die Methode mit der einheitlichen Werbung für Kunden und Mädchen hat übrigens auch den Vorteil, dass dabei das Problem der illegalen Anwerbung von Frauen für die Prostitution nicht entsteht. Ja, Sie haben das richtig verstanden: Auch nur die Anwerbung ist eigentlich schon verboten, in manchen Ländern jedenfalls und Österreich ist eines davon. Solche Dinge sind der Grund dafür, warum es eine scharfe Trennung zwischen legaler und illegaler Prostitution nicht geben kann. Die Gesetze sind vielfach einfach so schwammig und eröffnen damit zu viele Grauzonen. Allerdings gehören diese Dinge zu jenen kleinen Übertretungen, für die einem üblicherweise nicht auf die Finger geklopft wird, solange man im Großen und Ganzen nach den Regeln spielt.

Der Kampf um die besten Mädchen für den eigenen Club verlagert sich zunehmend ins Internet. Dort präsent zu sein, bringt die wichtigen Suchmaschinentreffer. Je weiter oben ein Club bei Google und Co zu finden ist, umso größer die Chance, dass Mädchen sich unsere Homepage anschauen und dann vielleicht entscheiden, zu uns zu kommen. Wie bei den Inseraten in Printmedien lassen sich dabei natürlich zwei Fliegen mit einer Klappe schlagen. Viel Präsenz im Internet heißt nicht nur viele neue Mädchen, sondern auch viele potenzielle Kunden. Besonders für den Zulauf ausländischer Mädchen ist das Internet wichtig. Über diesen Kanal können sie uns bereits kontaktieren, bevor sie das erste Mal nach Österreich kommen. Sie können Fotos schicken und von uns Informationen darüber erhalten, wie der Club funktioniert und unter welchen Bedingungen sie hier arbeiten würden. Das ist wertvoll, denn die Alternative besteht darin, dass ein Mädchen ein paar tausend Kilometer fährt, um dann womöglich festzustellen, dass sie und der Club nicht zusammenpassen.

Mittlerweile bin ich allerdings in der angenehmen Position, eigentlich überhaupt nicht mehr aktiv dafür sorgen zu müssen, dass der Zustrom an neuen Mädchen ins Goldentime anhält. Manchmal denke ich noch daran, wie ich vor der Eröffnung meines ersten eigenen Clubs deshalb geschwitzt habe, aber mittlerweile ist es im Gegenteil so, dass ich auswählen muss. Das schafft natürlich auch wieder gewisse Probleme, aber im Vergleich zu früher sind es doch Luxusprobleme. Hauptgrund für diese Entwicklung ist die Mundpropaganda durch jene Mädchen, die bereits bei mir arbeiten oder gearbeitet haben. Es hat sich herumgesprochen, dass Verdienst und Arbeitsbedingungen passen, und dieser Ruf zieht immer wieder neue Mädchen an. Mein Part liegt jetzt vor allem darin, dafür zu sorgen, dass der Club weiter floriert wie bisher, und zwar zu Gunsten aller Beteiligten. Wenn nämlich die Freier ausbleiben, kann ich die Mädchen noch so gut behandeln und ihnen noch so viel Verständnis entgegenbringen, sie werden doch nicht mehr kommen.

Obwohl zwischen den Mädchen und mir kein Angestelltenverhältnis besteht, wähle ich natürlich trotzdem aus, welche Mädchen zwar nicht für mich, aber in meinem Club ihrer Arbeit nachgehen dürfen, denn das ist legal. Die Auswahl der Mädchen müssen Sie sich folgendermaßen vorstellen: Zunächst einmal kommen viele nicht alleine zu diesen Vorstellungsgesprächen, sondern haben eine Freundin dabei. Sie begrüßen mich dann gleich einmal mit dem Satz, dass sie unter allen Umständen nur gemeinsam arbeiten werden, es also nicht möglich ist, eine zu nehmen und die andere abzulehnen.

Ist Ihnen schon einmal aufgefallen, dass, wenn Sie auf der Straße zwei offensichtlich miteinander befreundete Frauen spazieren gehen sehen und eine davon hübsch ist, die andere fast immer eine graue Maus zu sein scheint? Bei den Bewerberinnen ist es nicht anders. Es sitzen also immer wieder zwei Mädchen in meinem Büro, von denen ich die eine sehr gerne nehmen würde, die andere aber einfach äußerlich derart indiskutabel ist, dass ich leider auf beide verzichten muss. Irgendwann habe ich festgestellt, dass die hübschen Mädchen das absichtlich machen. Sie wollen nicht zu viel Konkurrenz aufkommen lassen und umgeben sich deshalb immer mit glanzlosen Gestalten.

Aus dem gleichen Grund musste ich aufhören, etwas auf Tipps bereits im Club tätiger Mädchen zu geben. Immer wieder einmal kam es vor, dass mir eine vorschwärmte, was für hübsche Mädchen es außer ihr noch in ihrem Heimatdorf gäbe und dass ich doch unbedingt noch einer ihrer Freundinnen Zutritt zum Goldentime gewähren solle. Wenn die Mädchen dann zum Vorsingen kamen, war ich oft genug richtig entsetzt. Die meisten von ihnen hatten gleich mehrere kosmetische Merkmale, die zu einem Pferd besser passen als zu einer Frau.

Na gut, jetzt halten Sie mich gleich wieder für sexistisch, dabei spielt das Aussehen von Prostituierten eine kleinere Rolle als gemeinhin angenommen. Freier fliegen nicht auf die Schönen, sondern auf die Freundlichen. Während sich die Schönen kühl in den Blicken sonnen, von den durchschnittlichen Mädchen bewundert und in der Folge manchmal gemobbt werden, gehen die Freundlichen mit den Kunden ins Zimmer. Auch ein etwas übergewichtiges Mädchen mit hübschem Gesicht und guter Ausstrahlung hat bessere Chancen auf einen sehr guten Verdienst als eine klassische Sexbombe, die sich auf ihr Äußeres verlässt.

Gerade die hübschen Mädchen sind auch am Anfang oft zu schüchtern. Früher habe ich den Fehler gemacht, sie gleich abzulehnen, wenn ich beim Gespräch gemerkt habe: Die fürchtet sich, die sagt kein Wort und wird sich drinnen wahrscheinlich in einer Ecke verstecken. So habe ich ein paar sehr vielversprechende Mädchen ziehen lassen. Heute mache ich das anders. Wenn sich zum Beispiel eine noch sehr unerfahrene Ungarin bewirbt, bitte ich zwei andere Ungarinnen, sie ein bisschen an der Hand zu nehmen. So lernen die Neuen das Geschäft kennen und haben eine Art Probezeit von ungefähr vierzehn Tagen. Erst danach entscheide ich, ob sie dauerhaft kommen dürfen oder nicht. Ich brauche die Schönen nämlich natürlich trotzdem. Sie sind Statussymbole für den Club.

Freundlichkeit ist überhaupt die oberste Prämisse in einem Dienstleistungsbetrieb wie unserem, genauso, wie sie es in jedem anderen sein sollte. Denn nichts ist perfekt, aber das fällt nur jenen Kunden auf, die unfreundlich behandelt werden. Eine freundliche Kellnerin kann einem Gast auch sauren Wein servieren oder ihm diesen gleich über den Schoß schütten, er wird es verständnisvoll hinnehmen. In einer Pufferzone wie der Rotlichtbranche ist Freundlichkeit besonders wichtig, und zwar bei allen Mitarbeitern. Deshalb teste ich meine Mitarbeiter immer wieder verdeckt durch bezahlte Provokateure. Oft rastet gerade der Mitarbeiter als erster aus, dem ich das am allerwenigsten zugetraut hätte und der sich in meiner Gegenwart am allerfreundlichsten verhält.

Beim Prinzip »freundlich statt schön« gibt es in Sachen Mädchen für den Club natürlich auch Grenzen. Im Prinzip könnte ich natürlich auch jene Mädchen nehmen, die diese Grenzen überschreiten, und mir denken, dass der Markt das schon regeln wird und sie letztendlich von sich aus das Handtuch werfen werden. Aber auch hier geht es um Status. Diese Taktik kann ich mir deshalb nicht leisten, weil das dem Ruf des Clubs abträglich wäre. Sie erinnern sich: Der Ruf des Clubs ist mittlerweile mein wichtigstes, weil wirksamstes Werbemittel.

Auch was das Alter betrifft, liegen die Dinge übrigens anders, als gemeinhin vermutet. Hat eine Prostituierte die Fähigkeit, sympathisch auf einen Kunden zu wirken und ihm ein positives Gefühl zu vermitteln, spielen die Jahre keine Rolle. Das Alter der Mädchen, die im Goldentime arbeiten, liegt derzeit zwischen neunzehn und fünfunddreißig Jahren. Die Neunzehn- bis Vierundzwanzigjährigen bilden die größte Gruppe, die Vierundzwanzig- bis Dreißigjährigen die zweitgrößte und über dreißig gibt es nur noch ein paar wenige. Das spiegelt aber durchaus nicht exakt die Nachfrage der

Kunden wider. Haben wir einmal ein paar etwas ältere Mädchen, dann sind die zumeist unsere Spitzenverdienerinnen. Es gibt eine beständige Nachfrage nach Mädchen im Alter um die fünfunddreißig, die ich leider nicht im erwünschten Ausmaß abdecken kann. Das liegt schlicht daran, dass sich bei mir fast nur jüngere Mädchen bewerben. Das ist auch eine Besonderheit eines Saunaclubs. Da die Mädchen hier im Gegensatz zum klassischen Bordell dauernd nackt sind, können sie kleine Schönheitsfehler nicht so leicht verbergen. Die würden die Kunden zwar in der Regel nicht stören, aber die Mädchen selbst leiden darunter, wenn sie sich – obwohl objektiv das Gegenteil der Fall ist – nicht mehr konkurrenzfähig gegenüber den jüngeren Kolleginnen fühlen. Werden sie auf Grund dieser Minderwertigkeitskomplexe plötzlich schüchtern, kann es passieren, dass sie auf einmal tatsächlich weniger verdienen. Außerdem denken Mädchen, die sich dem mittleren Alter nähern, meistens schon ans Aussteigen aus dem Job, wollen sich vielleicht einen wohlhabenden Mann angeln und werden dabei durchaus oft fündig. Oder sie lassen sich von jemandem in eine Region mit einem lukrativen Saisongeschäft mitnehmen: in die Schweiz zum Beispiel, nach Dubai oder nach Marbella.

Die Frage der Nationalität der Mädchen steht in vieler Hinsicht im Vordergrund, aber nicht so sehr, was die Bedürfnisse der Kunden betrifft, sondern im Hinblick auf die Gruppendynamik im Club. Derzeit sind Ungarinnen, Rumäninnen und Bulgarinnen am stärksten vertreten. Es gibt auch polnische, tschechische und deutsche Mädchen sowie die eine oder andere Südamerikanerin. Österreicherinnen finden sich hier wenige, leider, denn auch hier gibt es mehr Nachfrage als Angebot. Die Österreicherinnen haben oft einen Zuhälter, und warum sich das mit dem Saunaclub nicht verträgt, wissen Sie ja inzwischen. Außerdem sind die meisten schon ein bisschen älter und trauen sich aus den beschriebenen Gründen nicht mehr, noch einmal neu in einen Saunaclub mit jungen Mädchen einzusteigen. Dazu haben die Österreicherinnen noch einen ausgeprägten Hang, sich tätowieren zu lassen. Wenn einmal eine infrage käme und es versuchen würde, ist sie oft dermaßen übersät mit Tattoos, dass ich abwinken muss. Freier mögen keine übertriebenen Tattoos. Sie finden das in den seltensten Fällen sexy. Es wundert mich immer wieder, dass Frauen das nicht kapieren.

Ich muss jedenfalls ständig auf der Hut sein, um das Nationenverhältnis im Club so zu kontrollieren, dass keine übermäßigen Konflikte entstehen. Sie würden nicht glauben, wie nationalistisch die Mädchen zu einem großen Teil sind. Einmal hielt ein Gast eine auf seinem Schoß sitzende Rumänin für eine Bulgarin, obwohl sie ihm gerade erst gesagt hatte, dass sie aus Bukarest stammte. Sie korrigierte ihn, und er machte den Fehler, so etwas in der Art zu sagen wie: »Das ist doch eh dasselbe!« Mehr brauchte er nicht. Sie hob ab wie eine Rakete.

Es hat mich einige Energie gekostet, den Mädchen klarzumachen, dass sie wenigstens die Kunden mit ihrem Nationengeplänkel in Ruhe lassen sollen. Inzwischen haben es die meisten verstanden. Aber untereinander halten sie sich nicht zurück. Zwischen Bulgarinnen und Rumäninnen muss immer ein ungefähres zahlenmäßiges Gleichgewicht des Schreckens herrschen, sonst macht die stärkere Gruppe die schwächere fertig. Sie bezichtigen sich gegenseitig des Diebstahls, beleidigen und beschimpfen einander in der Garderobe und versuchen die anderen bei den Kunden schlecht zu machen. Alles schon gehabt. Wenn wir eine Polin da haben, sagen sowieso gleich alle, dass sie jetzt zur Sicherheit ihre Sachen einsperren müssen. Wegen eines gestohlenen – oder verlegten – Lippenstiftes gibt es zum Teil Streitereien, bei denen wir die Streitenden in der Garderobe voneinander trennen müssen, um körperliche Verletzungen zu verhindern. Am wenigsten gut Kirschen essen ist dabei mit den Brasilianerinnen. Ich sage das wirklich nicht aus Rassismus, sondern nur, weil es sich mit all meinen bisherigen Erfahrungen deckt. Mehr als eine Brasilianerin auf einmal kann ich nicht im Club haben, sonst gibt es Krieg. Da geht es dann nicht mehr nur um Handgreiflichkeiten. Wir hatten schon eine Brasilianerin, die einem anderen Mädchen auf der gemeinsamen Fahrt zur Arbeit angedroht hat, sie abzustechen. Und ich glaube nicht, dass es eine leere Drohung war. Einerseits ist es schade, dass ich nicht mehr Brasilianerinnen engagieren kann, weil es bei den Gästen auch danach eine große Nachfrage gibt. Andererseits wäre das Risiko, so seltsam es klingt, einfach zu groß.

Derartige Probleme würden sich kaum lösen lassen, wenn ich nicht verschiedene prophylaktische Maßnahmen ergriffen hätte, mittels derer ich meine Kontrolle über den Club und die Vorgänge darin sicherstellen kann. Die wichtigste Maßnahme war die Installation von Überwachungskameras. Ich würde gerne ohne sie auskommen, unter anderem, weil sie viel Geld kosten. Aber ich brauche die Kameras nicht nur aus Sicherheitsgründen – wie etwa im Eingangsbereich. Ich brauche sie zum Beispiel ebenso sehr, um den Club drogenfrei zu halten. Das ist einer der wichtigsten Aspekte, wenn ich mir als Betreiber eines Saunaclubs Schwierigkeiten mit der Polizei ersparen will. Nur durch die Kameras in den Umkleidekabinen kann ich gewährleisten, dass der Club im Großen und Ganzen sauber ist. Sobald der Verdacht besteht, dass ein Mädchen Drogen einschmuggelt, greife ich auch zu zusätzlichen Maßnahmen wie Taschenkontrollen. Wenn nämlich nur ein einziges Mädchen regelmäßig in der Lage wäre, Drogen mitzunehmen, würde sie sofort die Dealerrolle übernehmen und bald hingen alle anderen in der Sache mit drin.

Auch Zuhälter versuchen häufig, Mädchen einzuschleusen, die dann hauptsächlich zum Drogenverkauf im Club sind. Somit sind die Maßnahmen gegen die Verbreitung von Drogen zusätzlich auch Maßnahmen gegen die Zuhälterei. Stellt sich bei einem Mädchen trotz allem heraus, dass sie Drogen im Club konsumiert oder verkauft, muss sie gehen, auch wenn sie sonst ein gutes Mädchen ist. Wir hatten zum Beispiel einmal eine Kroatin, die immer wieder über Herzprobleme klagte, Pausen einlegte und sich ausruhen musste. Das allein wäre nicht so schlimm gewesen. Aber ich erfuhr von anderen Mädchen, dass ihre Herzprobleme auf Drogenmissbrauch zurückzuführen waren. Ich musste sie wegschicken, weil ich einfach nicht riskieren konnte, dass sie mir im Club eines Tages tot umfällt. Die Schwierigkeiten, die es gibt, wenn die Polizei herausfindet, dass ein solcher Todesfall drogenindiziert war, will ich mir lieber gar nicht vorstellen.

Erotic HIGHLIGHTS
Sinnliche Ideen

Das allerbeste Mittel zur Überwachung der Vorgänge im Club sind aber die Vertrauensmädchen. Das sind Mädchen, zwischen denen und mir sich aus persönlicher Sympathie oder anderen Gründen ein engeres Verhältnis entwickelt hat als normalerweise. Manchmal entsteht so etwas aus Dankbarkeit für eine Hilfestellung, die ich gewährt habe, oder Ähnlichem. Die Mädchen fragen mich dann: »Alexander, wie kann ich mich revanchieren?« Ich sage ihnen, dass mir sehr geholfen wäre, wenn sie mich über die Entwicklungen im Club auf dem Laufenden halten. Denn obwohl ich sehr präsent bin, kann ich natürlich nicht alles mitbekommen, was sich im Club so abspielt. Vor allem das nicht, worüber nur in der Garderobe der Mädchen gesprochen wird. Sie können das als Spitzelwesen bezeichnen, wenn Sie wollen. Aber es gibt einfach nicht genug andere Möglichkeiten, den Laden unter Kontrolle zu halten.

Der Zugang zur Prostitution ist in Österreich für Ausländerinnen relativ einfach. Es bestehen mehrere Ausnahmeregelungen, die es so ziemlich jedem Mädchen ermöglichen, einen sogenannten Grünen Pass, die Lizenz für die Arbeit als Prostituierte, zu bekommen. So ist die Prostitution zum Beispiel das einzige Gewerbe, dem sowohl Asylwerberinnen legal nachgehen dürfen, als auch jene EU-Bürgerinnen, die auf Grund der Übergangsregelungen für den Arbeitsmarkt in Österreich ansonsten keine Arbeitsgenehmigung bekommen. Warum der österreichische Staat die Prostitution auf diese Weise fördert, kann ich Ihnen ehrlich gesagt auch nicht ganz erklären. Natürlich profitiere ich davon, aber das verhindert nicht, dass ich es selbst etwas grotesk finde.

Der Staat wirkt eher moralisch auf die Mädchen ein oder versucht es zumindest. Möchte ein Mädchen legal der Prostitution nachgehen, muss sie das bei der Polizei bekannt geben. Die Polizei nimmt das aber nicht einfach so zur Kenntnis, im Gegenteil: Sie versucht de facto, es dem betreffenden Mädchen auszureden. Die Polizei verlangt für dieses »Informationsgespräch« sogar einen Dolmetscher, wenn das betreffende Mädchen nicht oder nicht gut genug Deutsch spricht. Allerdings muss es kein staatlich beeideter Dolmetscher sein. Es genügt auch eine Freundin, die das Mädchen selber mitbringt und die ihr die Fragen der Polizei übersetzt. Auch das ist wieder so eine etwas seltsame Halbherzigkeit: einerseits der verpflichtende Versuch, jemanden, der sich bereits zur Prostitution entschieden hat, wieder davon abzubringen, und andererseits die schlampige Durchführung dieses Versuchs.

Ist dieser Schritt erledigt, geht es zur Gesundheitskontrolle. Diese und alle weiteren, regelmäßigen Gesundheitskontrollen kosten in Wien nichts und das ist sehr wohl eine sozialpolitische Errungenschaft. In den anderen Bundesländern kann es leicht vorkommen, dass ein Mädchen, das gerade knapp bei Kasse ist, eine der wöchentlichen Kontrollen schwänzt, weil sie nicht dafür bezahlen kann oder will. Damit handelt sie gegen das Gesetz und verliert ihre Lizenz. Wird sie erwischt, gerät sie leicht in eine Abwärtsspirale: Durch den Verdienstausfall hat sie erst recht kein Geld mehr für die nächsten anstehenden Kontrollen. In Wien gehen die Mädchen jede Woche gratis zur sogenannten »kleinen« und alle sechs Wochen zur »großen« Kontrolle, bei der sie auf alle möglichen Krankheiten getestet werden. Wenn alles in Ordnung ist, bekommen sie einen Stempel in ihr Gesundheitsbuch, den sogenannten Grünen Pass, und können ihrer Arbeit weiterhin legal nachgehen.

Nach der allerersten Gesundheitskontrolle heißt es erst einmal warten, bis die Laborergebnisse eingetroffen sind. Erst danach kann ein Mädchen legal zu arbeiten beginnen. Bei der Polizei ist sie allerdings schon nach dem Informationsgespräch als Prostituierte erfasst. Das ist auch der Grund, warum es üblicherweise nicht allzu streng geahndet wird, wenn bei einer Razzia ein oder zwei Mädchen im Club erwischt werden, die noch auf ihren Pass warten. Das ist eine von diesen kleinen Übertretungen, die einem als Bordellbetreiber erst dann auf den Kopf fallen, wenn man etwas Gröberes falsch gemacht hat.

Übrigens hat mir die Gesundheitsbehörde erst in einem einzigen Fall wirkliche Schwierigkeiten bereitet. Damals stellte sich beim Gesundheitscheck heraus, dass eines meiner Mädchen offene Tuberkulose hatte. Sie musste natürlich sofort aufhören zu arbeiten und sich in Behandlung begeben, was ja selbstverständlich und nicht so schlimm war. Ein bisschen mühsamer war schon die Erfüllung der nächsten Anordnung des Gesundheitsamtes: Alle meine Mitarbeiter und auch ich selbst mussten anrücken, um uns auf Tuberkulose testen zu lassen. Nachdem das erledigt war, dachte ich, dass wir die Sache ausgestanden hätten. Aber weit gefehlt. Der Sachbearbeiter des zuständigen Magistratsamtes eröffnete mir freundlich, es sei nun auch notwendig, alle Kunden zu testen, die mit dem Mädchen in Kontakt gekommen waren. Ich versuchte dem Mann zu erklären, dass wir von unseren Kunden in puncto persönlicher Daten nur Vorname und Schuhgröße (für die Badeschuhe) erfragen. Mit dem Profil »Richard, Schuhgröße 44« dürfte es ziemlich schwer werden, den gesuchten Kunden ausfindig zu machen und zu einem Tuberkulosetest zu bewegen. Ich war im Grunde natürlich froh darüber. Stellen Sie sich vor, was es für das Image eines Clubs bedeuten würde, seinen Gästen hinterherzutelefonieren und unter ihnen die Angst zu verbreiten, sie könnten sich mit Tbc infiziert haben. Ich kann mir Lustigeres vorstellen. Die Wahrscheinlichkeit einer erfolgten Ansteckung war auch ziemlich gering, das gab selbst der Kollege vom Gesundheitsamt zu. Bloß wäre Vorschrift eben Vorschrift gewesen. Da ich den Wunsch aber ohnedies nicht erfüllen konnte, einigten wir uns auf einen Kompromiss: Ich hängte an der Rezeption ein Informationsblatt aus, in dem ich all jene Kunden, die das Etablissement in einem gewissen Zeitraum besucht hatten, bat, sich beim Gesundheitsamt zu melden und eine Untersuchung vornehmen zu lassen. Ob dieser Einladung auch nur ein Einziger gefolgt ist, weiß ich nicht.

Wenn wir schon bei Gesundheitsfragen sind: Beim Thema Kondome kenne ich im Club keine Toleranz. Ungeschützten Geschlechtsverkehr gibt es bei mir nicht, egal, wer sich das wünschen würde und wer es anbieten würde. Das bedeutet: Wenn ein Mädchen dabei erwischt wird, muss sie gehen.

Ich tue das nicht aus reiner Menschenliebe, oder um gegen das Weltaidsproblem anzutreten. Das natürlich auch, aber im Grunde glaube ich, dass jeder Mensch sein Handeln selbst zu verantworten hat, auch in diesem Punkt. Das Schicksal des

Clubs aber habe ich zu verantworten, und wenn hier ein Aids-Fall auftreten würde, hätte das ganz andere Dimensionen als ein Tbc-Fall. Dann wäre der Club definitiv tot. Ich könnte zusperren und meine Investments in den Wind schreiben. Ich würde wieder so am Anfang stehen wie nach meiner Kino-Pleite in Italien, nur würde ich dieses Mal keine weiße Weste mehr haben.

Sie würden nicht glauben, wie oft Kunden insistieren, um eine Ausnahme zu erwirken. Da sie sogar mir damit auf die Nerven gehen, kann ich mir ungefähr vorstellen, wie viel Druck diese Männer auf die Mädchen ausüben, wenn sie mit ihnen alleine sind. Deshalb kann ich nicht dafür garantieren, dass es bei Stammkunden nicht vielleicht doch im einen oder anderen Fall vorkommt, dass das Kondom weggelassen wird. Da ich ja nicht persönlich daneben stehe, kann ich nie hundertprozentig sicher sein. Fliegt so etwas aber auf, dann ist das Mädchen jedenfalls draußen.

Vor Kurzem hatten wir Schwierigkeiten mit einem Kunden, der sich weigerte, das Mädchen zu bezahlen, mit dem er ins Zimmer gegangen war. Als einer unserer Angestellten, den das Mädchen zu Hilfe gerufen hatte, zu eruieren versuchte, wo eigentlich das Problem lag, stellte sich heraus: Der Kunde hatte das Mädchen zunächst damit gequält, dass sie ihn doch das Kondom abnehmen lassen solle. Als sie nicht nachgab, wollte er sich den Gummi während des Aktes abstreifen. Da die Mädchen Erfahrung mit solchen Typen haben, vereitelte sie seinen Versuch, indem sie das Kondom auf seinem Penis festhielt. Das brachte den betreffenden Kunden so zur Weißglut, dass er am Ende nicht zahlen wollte.

Erst kürzlich fand ich heraus, dass es in Wien tatsächlich einige Clubs gibt, in denen Kunden der Wunsch nach »Sex ohne« gerne erfüllt wird. Zuvor hatte ich, offenbar naiverweise, gedacht, dass diese Praxis – von Einzelfällen abgesehen – der Vergangenheit angehört. »Sex ohne« ist zum Beispiel auf der Seite erotikforum.at das mit Abstand meistdiskutierte Thema überhaupt. Und zwar mit einigen hunderttausenden Zugriffen. Die Forumseinträge handeln nicht etwa das Pro und Contra des ungeschützten Geschlechtsverkehrs ab. Vielmehr tauschen die User intensiv Informationen darüber aus, wo und zu welchem Preis Sex ohne Gummi zu bekommen ist.

Es hat einige Zeit gedauert, bis ich verstanden habe, wie es Männer, die sich um viel Geld ungeschützten Geschlechtsverkehr kaufen, schaffen, den Gedanken an das mörderische Risiko dabei zu verdrängen. Da ich mir nicht selbst zusammenreimen konnte, wie die Verdrängung dieses Themas funktioniert, habe ich Männer dazu befragt, von denen ich wusste, dass sie dieser gefährlichen Leidenschaft verfallen waren. Interessanterweise konnten es sich die meisten selbst nicht erklären. Es scheint so zu sein, dass sich bei vielen Männern, ganz wie das Klischee es will, kurz bevor es ernst wird, das Hirn ausschaltet und der Schwanz die Kontrolle übernimmt. Gehandelt wird dann nur noch nach dem Prinzip der unmittelbaren Befriedigung von Bedürfnissen, koste es, was es wolle. Selbst ein Mindestmaß an Vorsicht kann nicht mehr vorausgesetzt werden.

Vielleicht ist es auch eine Entwicklung unserer Zeit, dass schneller verantwortungsloser Sex mittlerweile über allem anderen steht. Natürlich profitiere ich im Prinzip von diesem Zustand. Aber wenn ich dann herausfinde, wie weit sogar die Rücksichtslosigkeit der Leute gegen sich selbst schon vorangeschritten ist, kommt mir manchmal das Gruseln. Ich fühle mich zum Teil wirklich an die Dekadenz des Alten Roms erinnert und das kann kein gutes Zeichen sein.

So wie die Mädchen in meinem Club aus aller Herren Länder stammen, kommen sie auch aus den verschiedensten sozialen Schichten. Es ist kein so seltenes Phänomen, dass junge, behütete Mädchen aus eher großbürgerlichen Verhältnissen diesen Job wählen, um aus ihrem Elternhaus auszubrechen und zu beweisen, dass sie ohne Ausbildung auf Anhieb mehr Geld verdienen können als ihre Eltern. Auch Studentinnen, die saisonal arbeiten, um Studiengebühren und Lebenshaltungskosten während des Studiums abzudecken, und nach den Ferien wieder in ihre Universitätsstädte zurückkehren, sind keine Ausnahme.

Es bestehen auch gravierende Unterschiede darin, wie die Mädchen mit dem vielen Geld, das sie verdienen, umgehen. Grob gesagt gibt es zwei Gruppen: Die einen verprassen es, die anderen sparen eisern. Die, die das Geld verpulvern – was bei diesen Summen schon nicht mehr ganz einfach ist –, haben offenbar das Bedürfnis, nach Feierabend die Rolle zu wechseln. Während ihrer Arbeitszeit ist so ein Mädchen die Nutte, die dem Freier, der bezahlt, zu parieren hat. Geht sie aber aus, will sie selbst der »Mann« sein. Sie bestellt den teuersten Champagner, umgibt sich mit männlichen Begleitern und setzt das Geld in einen vorübergehenden Machtrausch um.

Die Mädchen, die sparen, haben zumeist einen Plan. Sie gehören oft auch zu jenem Typus, die im Club wenig bis keine Freundschaften mit den Kolleginnen pflegen und sich stattdessen voll auf die Arbeit konzentrieren. Nichts soll sie davon ablenken, den größtmöglichen Profit in der kürzestmöglichen Zeit zu erwirtschaften. Über die Jahre habe ich schon mehrere dieser meist sehr intelligenten Mädchen aus dem Milieu aussteigen gesehen, nachdem sie ihre Zielsumme erreicht hatten. Schon zu der Zeit, als sie noch arbeiteten, waren sie immer wieder in ihre Heimatländer geflogen und hatten das Geld dort investiert, zumeist in Immobilien. Sobald ein solches Mädchen genug sichere Wertanlagen erworben hat, hört sie mit der Prostitution auf und setzt sich noch in jungen Jahren zur Ruhe.

DIE KNALLHARTE KONKURRENZ

Konkurrenz im Rotlichtmilieu: Darunter stellen Sie sich vermutlich Drohungen, Messerstechereien und Ehrenmorde vor. Alles das eben, was Sie wohl auch mit dem Wort Mafia verbinden. Ob Sie damit recht haben? Nun ja, ein weiser Mann hat einmal gesagt: »Eines Tages werden wir feststellen, dass alle Klischees wahr sind!«

Zunächst einmal lässt sich sagen, dass Konkurrenz in meiner Branche ganz sicher ein bisschen mehr bedeutet, als ich im Wirtschaftsstudium gelernt habe. Das heißt aber nicht, dass das wirkungsvollste kaufmännische Mittel, Konkurrenten aus dem Feld zu schlagen, der Preiskampf, bei uns keine Rolle spielt. Und so gibt es tatsächlich Bordellbetreiber, die versucht haben, die Preise so lange zu senken, bis ihren Konkurrenten die Kunden ausbleiben. Das Problem dabei ist nur: Man weiß nie, wie groß die Reserven der anderen sind. Und während man die Preise senkt und senkt, verliert man zunächst einmal selbst eine Menge Geld.

Die meisten großen Fische aus der Szene sind deshalb zu anderen Strategien übergegangen. Ich erzähle Ihnen das jetzt einfach, obwohl ich es eigentlich nicht tun sollte – weil ich mir dadurch von meinen eigenen Konkurrenten in die Karten schauen lasse und weil es dabei juristische Implikationen gibt. Da ich mich aber nun einmal entschlossen habe, dieses Buch zu schreiben, möchte ich auch an dieser Stelle nicht abblenden, sondern versuchen, so offen und ehrlich wie möglich zu sein.

Die wichtigste Strategie in Sachen Konkurrenz lautet: Dann zuschlagen, wenn der andere sich noch nicht formiert hat. Sie müssen rechtzeitig Bescheid wissen, wenn jemand ein neues Etablissement eröffnen will. Derlei spricht sich ohnedies herum, lange bevor es so weit ist. In Sachen Mädchen beträgt die Vorlaufzeit ein halbes Jahr und spätestens nach der zweiten Anfrage des Betreibers bei einem Mädchen ist mir die Sache bekannt. Meine Vertrauensmädchen unterrichten mich darüber. Außerdem gibt es kaum einen Neueinsteiger, der von sich aus genug Kapital mitbringt, um einen großen neuen Club auf die Beine zu stellen. Jeder ist am Anfang auf der Suche nach Finanzierung. Und da sind die Möglichkeiten begrenzt. Das ist der zweite Kanal, über den mich die Nachricht von einem geplanten neuen Lokal erreicht.

Ich spreche dabei natürlich nicht von Trittbrettfahrern des Rotlichtmilieus, die auf die Fenster ihrer Spelunken nur das Wort »Saunaclub« und ein paar schlecht belichtete Fotos von ein und demselben Mädchen kleben. Die spielen keine Rolle und stellen keine Konkurrenz dar. Die kleinen Fische, die lassen uns große in Ruhe und umgekehrt. Die Neueröffnung eines Bungalows mit drei bis fünf Prostituierten nehme ich daher auch gar nicht wahr. Aber wenn jemand etwas eröffnen möchte, das die Bezeichnung Saunaclub wirklich verdient – also einen Club mit mindestens dreißig Mädchen – bin ich alarmiert.

Und dann heißt es eben sofort handeln. Wenn der Konkurrent erst einmal im Geschäft ist, wird jede Aktion gegen ihn viel gefährlicher. Solange er sich noch in der Vorbereitungsphase befindet, sind Störaktionen vergleichsweise einfach und risikoarm. Da gilt es zunächst einmal herauszufinden, wo der Herr seine Zelte aufzuschlagen plant: Gibt es in der Nähe vielleicht einen Kindergarten? Oder eine Kirche? Beides sind gute Gründe, am betreffenden Ort Alarm zu schlagen. Hat sich die Kunde erst einmal verbreitet, erledigt zumeist eine Bürgerinitiative den Rest, ohne dass ich mir die Hände schmutzig machen müsste. In kleineren Gemeinden kann auch eine Intervention beim Bürgermeister Wirkung zeigen. Und dann gibt es natürlich noch die Baubehörde, die immer dankbar für Hinweise über nicht erfüllte Auflagen ist. Das alles fällt aber eigentlich noch unter die sanften Methoden.

Wenn die Pfeile aus diesem Köcher nicht ausreichen, sind schwerere Geschütze gefragt. Gleich in meinen Anfangsjahren im Rotlichtgeschäft, als ich in Innsbruck tätig war, habe ich einen neuen Konkurrenten folgendermaßen zur Strecke gebracht: Da sich sein Etablissement in der Nähe der italienischen Grenze befand, wusste ich, dass er vor allem mit dem Zustrom italienischer Kunden kalkulierte. In Italien ist der Bordellbesuch einerseits besonders verpönt, andererseits aber auch besonders beliebt. Der italienische Premier, der in diesem Zusammenhang immer wieder einmal in die Schlagzeilen kommt, erweist sich da durchaus als würdiger Repräsentant seiner Landsmänner. Genau deshalb fahren italienische Kunden, gerade die betuchteren, gerne einmal über die Grenze nach Österreich, wenn sie einen Drang verspüren. Im Ausland fühlen sie sich vor neugierigen Blicken besser geschützt.

Ich habe damals kurzerhand zwei Fotografen engagiert, die im Schichtbetrieb rund um die Uhr den Parkplatz des neu eröffneten Konkurrenzlokals ins Visier ihrer Teleobjektive nahmen. Sie hielten die betreffenden Herren, und vor allem ihre Autokennzeichen, für die Nachwelt fest.

Sie fragen sich, was ich mit den Fotos gemacht habe? Erpressung etwa? Wo denken Sie hin. Erfreulicherweise gibt es moderne Kommunikationsmittel wie das Internet. Die Fotos dort an geeigneter Stelle platziert und ein paar Hinweise gestreut, wo sie zu finden sind – schon hatten die Signori Erklärungsbedarf und überlegten es sich in Hinkunft zweimal, ob sie den Ort, an dem sie so auf dem Präsentierteller saßen, noch einmal aufsuchen würden.

In diesem konkreten Fall war mein Gegner noch zu neu im Geschäft, um auf meinen Angriff adäquat reagieren zu können. Er musste den Rückgang bei den italienischen Kunden einfach hinnehmen und das war sehr schmerzhaft für ihn. Ein Profi hätte anders reagiert. Einem erfahrenen Bordellbetreiber auf diese Art den Krieg zu erklären, kann verdammt gefährlich sein. Ich sage absichtlich: den Krieg erklären. Das ist das Wort, das in der Szene dafür verwendet wird, und es ist manchmal durchaus nicht übertrieben. Es ist allerdings so, dass derlei immer beiden Seiten schadet, egal wer aus dem Krieg als Sieger hervorgeht. Die schlechte Presse verunsichert die Kunden und unterm Strich verdient dann jeder weniger, zumindest eine Zeit lang. Deshalb versuchen die Großen, sich miteinander zu arrangieren. Die Nachfrage ist in unserem Gewerbe seit Jahrtausenden ziemlich stabil, und der Kuchen ist groß genug, um uns alle gut davon leben zu lassen.

Die Situation kann trotzdem jederzeit eskalieren, gerade dann, wenn alles ganz ruhig zu sein scheint. Auch mein erster eigener »Kriegseinsatz« fand zu einem Zeitpunkt statt, als ich die harten Bandagen des Rotlichtgeschäftes nur vom Hörensagen kannte. Es war zu meiner Zeit im Napoleonhof. Eines Nachts kam der Chef eines Konkurrenzlokals zu »Besuch« in unseren Club. Mir war von Anfang an unwohl dabei, aber ich hielt mich im Hintergrund, um von meinem Partner zu lernen, was in so einem Fall zu tun ist. Der trat dem feindlichen Hai freundlich und gelassen gegenüber, lud ihn auf ein paar Drinks ein und übte sich im Szene-Smalltalk. »Nur keine Schwäche zeigen«, notierte ich im Geist und lauerte darauf, wie es weitergehen würde.

Zunächst schien die Sache einen friedlichen Verlauf zu nehmen. Sogar Bruderschaft wurde getrunken, schließlich sei man ja vom gleichen Schlag und überhaupt ... Die Stimmung wurde immer besser. Trotzdem wurde ich das beunruhigende Gefühl nicht los, dass der Abend auf irgendeinen geheimen Höhepunkt zusteuerte, den wir alle drei noch nicht kannten. So, als ob es ein Skript dafür gäbe, dem wir blind zu folgen hatten und das nur im Eklat enden konnte. Es ist übrigens dieses Gefühl für Gefahren und das Potenzial von Konstellationen, das ich noch heute, wo ich sehr viel abgestumpfter bin, versuche, mir um jeden Preis zu erhalten.

Irgendwann gegen drei Uhr früh war unser Gast bereits einigermaßen illuminiert von den Freigetränken und hatte zwei unserer hübschesten Mädels auf dem Schoß sitzen. Ich hatte auch schon einiges getrunken und kann mich um die Burg nicht mehr erinnern, was eigentlich der Auslöser war. Aber aus irgendeinem Grund fing der Typ plötzlich an, die beiden Mädchen, die er vorher noch zufrieden zwischen den Beinen gestreichelt hatte, aufs Wüsteste zu beschimpfen. Ich suchte Blickkontakt zu meinem Partner, der aber ebenso perplex war wie ich. So verpassten wir wohl den Moment, in dem wir die Situation vielleicht noch beruhigen hätten können. Eines der beiden Mädchen war Brasilianerin, und die fürchten weder Tod noch Teufel, wenn es um ihre Ehre geht. Sie beantwortete seine Beschimpfungen in der gleichen Tonlage, mag sein, dass sie ihm sogar einen kleinen Tritt gab.

Den Rest können Sie sich vielleicht schon selber zusammenreimen: Fliegende Gläser, zwei Mädchen, die von einem Hundert-Kilo-Mann an die Wand geschleudert werden, Schreie, Flüche und unsere Security, die versucht, den Gorilla unter Kontrolle zu bringen. Das gelang auch, nur wollte sich der Kerl partout nicht entschuldigen. Dabei verlangten wir nichts anderes, und das war ohnehin ein sehr freundschaftliches Angebot. Immerhin hatte er mit seinem Ausbruch schon einige Gäste vertrieben und – was schlimmer war – die Brasilianerin, bei den Kunden zuvor sehr beliebt, hatte plötzlich eine Nase so platt wie die von Axel Schulz. Aber unser Freund wollte sich einfach nicht entschuldigen. Er wollte sich auch nicht beruhigen. Er schickte sich vielmehr an, einen zweiten Anfall zu bekommen. Bevor das geschah, gaben wir unseren Burschen allerdings das Signal, ihn vor die Tür zu setzen. Dort saß er dann eine Weile, hatte Probleme, wieder auf die Beine zu kommen, und deckte uns unvermindert mit Flüchen und Drohungen ein. Bei einer dieser Drohungen horchten mein Partner und ich aber auf. Unser Konkurrent kündigte an, uns am folgenden Abend mit all seinen Leuten, in der Szene Soldaten genannt, einen Besuch abzustatten. Das war verdammt ernst zu nehmen und wir machten uns noch in der gleichen Nacht an die Vorbereitungen.

Das war zu tun:

1. Alle Kontakte zu alten Freunden aus der Szene anzapfen, vor allem zu denen, die einem noch einen Gefallen oder Geld schulden.

2. Alle regulären Security-Mitarbeiter kontaktieren und ihnen klar machen, dass sie morgen Dienst haben.

3. Das Adressbuch zücken, in dem die Nummern der Reservesoldaten stehen und so viele engagieren wie nur irgend möglich.

4. Die Nerven behalten und ausschlafen.

Mir war der Ernst der Lage damals zwar schon bewusst, aber irgendwie fand ich die generalstabsmäßige Planung, die mein Partner vornahm, auch ein bisschen übertrieben. Kriegserklärung hin oder her, aber das wirkte alles wie einem überzeichneten Genrefilm entsprungen und hier war doch immer noch die Realität, oder? Sie werden vielleicht auch einwenden, wie ich es damals getan habe: »Und was, wenn die gar nicht morgen, sondern übermorgen kommen?« Aber mein Partner belehrte mich über ein wesentliches Detail, das ich auch Ihnen nicht vorenthalten möchte: die Ehre. So abgeschmackt es klingen mag, aber je gewalttätiger die Konflikte in der Szene ablaufen, umso genauer halten sich die beteiligten Drahtzieher an gewisse ungeschriebene Regeln, die durchaus eine Art Rotlicht-Kodex darstellen. Diesen Ehrenkodex haben die Quereinsteiger von den al-

goldentime
ffnungszeiten täglich
von 11.00 - 04.00 Uhr

ten Hasen übernommen, ich vermute, weil er letztlich allen nützt. Allerdings gelten solche »altmodischen« Spielregeln nur, solange nicht andere Kreise, wie etwa russische oder tschetschenische Banden, den Einstieg in den hiesigen Markt schaffen. In diesem Fall wäre das Verhalten der Konkurrenten von einem Tag auf den anderen nicht mehr vorhersehbar.

Damals im Napoleonhof hatten wir es jedenfalls mit einem alteingesessenen Bordellbetreiber zu tun, und wenn der ankündigte, am nächsten Tag zu kommen, dann kam er auch. Das heißt, es kamen seine Soldaten: Fünfzig Hooligans zählte die Truppe, die er zusammengetrommelt hatte. Wenn Sie einmal eine solche Armee gesehen haben, wissen Sie für alle Zukunft, warum Sie in einem Bordell nicht dieselben Securitys einstellen können wie in einer Diskothek. Böse dreinschauen und mit einer Bodybuilderfigur Eindruck schinden – das reicht da bei Weitem nicht mehr. Da kommt es nur noch darauf an, wer wirklich draufhauen kann, und es zahlt sich aus, solche, und nur solche, Burschen in der eigenen Mannschaft zu haben.

Dank der langjährigen Erfahrung meines Partners hatten wir genau die richtigen Typen im Team. Das Treffen endete mit einem klaren Sieg für unsere Soldaten. Von der buchhalterischen Seite her betrachtet, die ich damals vertrat, war das Ganze trotzdem eine Katastrophe. Da während des Kampfes an einer Tankstelle die Autos von Unbeteiligten beschädigt wurden, rückte die Polizei an. Zwar konnte man sich auch in diesem Fall einigermaßen auf den Kodex verlassen – beide Seiten hielten dicht und leugneten, dass es sich um ein geplantes Aufeinandertreffen gehandelt hatte –, aber das änderte nichts daran, dass die Geschichte durch die Lokalmedien ging: »Bandenkrieg im Rotlichtviertel« et cetera.

Viele unserer Kunden mieden das Lokal daraufhin für einige Zeit, weil sie verständlicherweise keine Lust hatten, von einer Gruppe Hooligans überfallen zu werden, während sie gerade auf oder unter einem schönen Mädchen lagen. Kurzfristig brachte uns dieser Krieg, obwohl wir ihn gewonnen hatten, also einen merkbaren finanziellen Einbruch. Aber schließlich gelang es meinem Partner, den Buchhalter in mir zu überzeugen, dass unsere Taktik trotzdem die richtige gewesen war: Wir hatten uns nachhaltig Respekt in der Szene verschafft.

Wie in jedem anderen Geschäft auch kann es eben in der Rotlichtbranche manchmal notwendig sein, Entscheidungen zu treffen, die aus kurzfristiger, kaufmännischer Perspektive betrachtet falsch erscheinen. Damals habe ich gelernt, solche Entscheidungen und die Verluste, die sie verursachen, als Investition zu betrachten. Tatsächlich hat es später bei ähnlichen Vorfällen wie dem, der diesen Krieg ausgelöst hat, keine vergleichbaren Angriffe auf unser Haus mehr gegeben. Hätten wir beim ersten Mal klein beigegeben oder auch nur halbherzig reagiert, wäre das als Zeichen der Schwäche gewertet worden. Unsere Konkurrenten hätten uns wieder und wieder angegriffen, um uns zu zerstören. Und wir hätten weitaus größere wirtschaftliche Verluste zu verdauen gehabt, als nach dieser einen, letztendlich geglückten Aktion.

Ich glaube, dass mich der Respekt, den ich damals gewonnen habe, auch heute noch schützt. Das heißt natürlich nicht, dass ich mich in Sicherheit wiege. Jeden Moment kann jemand hereinkommen, um Schwierigkeiten zu machen. Aber ich habe damals im Napoleonhof von meinem Partner gelernt, wie man die Soldaten für den Ernstfall auftreibt. Heute wäre ich bestens gerüstet und würde, wenn es nicht anders ginge, nicht zögern, mir erneut Respekt zu verschaffen.

In meiner Heimatstadt Linz wurde vergangenes Jahr ein Türsteher erschossen. Ich weiß nichts Genaueres über die Umstände, aber ich weiß, es passieren auch Morde in unserem Geschäft. Es hat eine enorme psychologische Wirkung, wenn einem klar wird: Es kann plötzlich vorbei sein, einfach so, klick und aus. Für mich kann auch dann alles plötzlich aus sein, wenn ich gar keinen Fehler mache. Denn egal, wie gut ich scheinbar alles unter Kontrolle habe, es bleibt ein Restrisiko, es bleibt dieses letzte Stück Unberechenbarkeit, mit dem ich erst einmal zu leben lernen musste.

So locker und leicht, wie ich Ihnen die Geschichte vom Krieg im Napoleonhof erzählt habe, ist so etwas nämlich immer erst im Nachhinein. Trotzdem hat die ständige Bedrohung einen paradoxen Effekt auf mich. Wahrscheinlich geht es meinen Kollegen genauso und vielleicht fände ein Psychologe das gar nicht so überraschend. Es ist keineswegs Angst, die mich nachdenklich macht. Es ist vielmehr die erschreckende Abwesenheit von Angst.

Ich schwöre, dass das keine Pose ist, und es liegt auch nicht daran, dass ich so ein außergewöhnlich harter Bursche wäre. Gut, als Angsthase wäre ich in diesem Geschäft sicher schon untergegangen. Ich war nie ein ängstlicher Mensch. Aber als ich in die Sache eingestiegen bin, war ich in dieser Hinsicht emotional nicht viel anders gestrickt, als Sie es wahrscheinlich auch sind. Hätte mich jemand mit dem Tod bedroht, dann hätte ich – natürlich – Angst gehabt. Zur speziellen, beruflich bedingten Deformation meines Wesens gehört es, dass ich diese Angst fast völlig verloren habe, und zwar verdammt schnell. Nun könnten Sie sich das als einen paradiesischen Zustand vorstellen, angstfrei zu leben, aber das ist es nicht. Ein paradiesischer Zustand wäre es, keinen vernünftigen Grund für die Angst zu haben. Im Rotlichtmilieu gibt es aber zu jedem Zeitpunkt mehr als genug Gründe für große Angst und das ist mir auch zu jedem Zeitpunkt bewusst. Ich kenne diese Gründe und ich verstehe sie, nur dieses Gefühl will sich nicht mehr einstellen. Wie bei einem Angstneurotiker hat sich bei mir etwas an den inneren Reglern verstellt. Während Menschen, die von Panikattacken geplagt werden, Angst empfinden, obwohl es keine ersichtliche Ursache gibt, empfinde ich die Angst auch dann nicht mehr, wenn sie jedem normalen Menschen vernünftig erschiene.

Die Folge davon ist, dass mir ein Warnsignal verloren gegangen ist, das einmal dazu da war, mein Leben zu schützen. Wie der Schmerz ist auch die Angst keine sinnlose Emotion, sondern liefert dem Menschen wichtige und nützliche Impulse für seine Entscheidungen. Ich fürchte, dass dieser Prozess der Abstumpfung irreversibel ist, also habe ich gelernt, damit zu leben. Das bedeutet aber, dass ich bei all meinen Entscheidungen, besonders bei den heiklen, noch viel alerter und konzentrierter sein muss als früher. Sonst laufe ich nämlich Gefahr, aus Leichtsinn einen Gang der Ereignisse einzuleiten, der mich irgendwann das Leben kostet. Übrigens glaube ich, dass so ein Großteil der gewaltsamen Tode im Milieu zustande kommt: Jemand überschätzt sich und dreht im entscheidenden Moment einmal zu oft an der Eskalationsschraube. Schließlich ist es bis dahin ja immer gut gegangen, und man hat gelernt, keinen Zentimeter zurückzuweichen.

Die Lektion aus diesen Überlegungen war für mich schwerer zu lernen als diejenige, die mich der Krieg im Napoleonhof gelehrt hat. Dass man nicht nachgeben soll und keine Schwäche zeigen darf gegenüber seinen Konkurrenten, das ist für jedermann einfach zu verstehen, der in dieser Branche mehr als ein paar Monate überlebt. Dass es aber auch Momente gibt, in denen zuviel demonstrative Stärke ein Fehler sein kann, und zwar ein tödlicher Fehler – diese Einsicht trennt meiner Meinung nach die Spreu vom Weizen.

Es ist ähnlich wie beim Poker, wo Stärke zu zeigen auch die wichtigste Maxime ist. Wer aber nicht lernt, mit schlechten Karten auch einmal einen großen Pot verloren zu geben, ruiniert sich just in dem Moment, wo er groß auftrumpfen will.

De facto angstfrei zu sein, auch wenn das eigene Leben auf dem Spiel steht, hat immerhin einen wesentlichen Vorteil: Wer den Leichtsinn zu kontrollieren versteht, kann in gefährlichen Momenten mit wesentlich kühlerem Kopf Entscheidungen treffen als jemand mit intakten Angstreflexen. Ich würde behaupten, jeder Betreiber eines größeren Bordells hat schon einmal eine geladene Waffe an der Schläfe gehabt, die sich in der Hand eines Soldaten befand, der ihm diese oder jene Bedingung diktieren wollte. In dieser

Hinsicht ist die Realität, meine Realität, wahrscheinlich in etwa genauso, wie es das Klischee will. Nur ist das noch lange nicht das Ende vom Lied. Denn Sie müssen immer bedenken: Wenn jemandem wirklich der Auftrag erteilt wurde, Sie umzubringen, dann werden Sie wahrscheinlich nicht mehr viel davon mitbekommen. Sie sperren vielleicht gerade Ihr Büro ab, sehen zu Hause fern oder schlendern die Straße entlang – und peng. Nur dass dafür Schalldämpfer verwendet werden, so dass Sie nicht einmal mehr das »peng« hören, bevor Sie den Löffel abgeben. Die Banalität eines solchen Vorgangs ist wahrscheinlich ein Grund, warum man so abstumpft. Es ließe sich auch so erklären: Wenn einen der Tod im Prinzip in jedem Moment ereilen kann, gibt es zwei Möglichkeiten: ein zitterndes Wrack werden oder jeden Gedanken an den möglichen Tod fallen zu lassen. Da ersteres klarerweise nicht infrage kommt, ist Abstumpfung die logische Konsequenz.

Da ich nun einmal weiß, dass, wenn der Tod kommt, er aller Wahrscheinlichkeit nach leise kommen wird, machen mich die großen Inszenierungen skeptisch: Wer mir einen Pistolenlauf an die Schläfe hält und gleichzeitig ein Gespräch mit mir beginnt, der will bellen, nicht beißen. Dennoch ist es in so einer Situation angebracht, nach einem ebenso durchdachten Plan vorzugehen, wie es mein Kompagnon damals im Napoleonhof getan hat. Das ist dann zu tun:

1. Beruhige die Situation. Das geht umso besser, je ruhiger du selbst bist.

2. Versuche herauszufinden, was der Bursche eigentlich von dir will.

3. Entscheide, ob du bereit bist, ihm zu geben, was er will.

4. Teile ihm deine Entscheidung gelassen mit und warte seine Reaktion ab.

Routine bedingt die Gefahr, in so einer Situation zu hoch zu pokern. Es gibt da diese innere Stimme, die sehr zornig wird, wenn mich jemand bedroht. Die sagt dann Dinge wie: »Was meins ist, ist meins.« Manchmal kann ich sie das laut sagen lassen, dann nämlich, wenn ich mit einiger Sicherheit abschätzen kann, dass der Typ mit der Waffe weder die Eier noch den Auftrag hat, bei einem abschlägigen Bescheid meinerseits abzudrücken. Tatsächlich ist das meistens der Fall. Andererseits habe ich nur genau ein Leben, und deshalb empfiehlt es sich, wenigstens kleine Zugeständnisse zu machen, wenn ich mir meiner Sache nicht völlig sicher bin.

Es gibt eine unbeleuchtete Stelle direkt vor dem Eingang meiner Privatwohnung. Dort hat schon einmal einer mit Waffe auf mich gewartet und einen Augenblick oder sogar ein bisschen länger hab ich gedacht: »Alexander, das war's jetzt.« Aber dann hab ich gemerkt, dass er nicht wirklich ernst machen will. Trotzdem war er auf eine Art und Weise nervös, die mich sehr aufmerksam gemacht hat. Das war kein reiner Bluff, er hatte wahrscheinlich selbst noch nicht endgültig entschieden, wie das Spiel enden sollte. Und dann war da dieser Moment, in dem ich mich entscheiden musste. Er meinte, sein Chef schicke ihn mit der Botschaft, ich solle sofort aufhören mit meinen Manövern gegen seinen Club. Dieser Club war damals neu, ich habe, ganz gemäß meiner Strategie, versucht, ihn in dieser Anfangsphase nach Kräften zu schädigen. Natürlich hätte ich weiter den Hardliner markieren und den Burschen nach Hause schicken können. Wahrscheinlich hätte das sogar funktioniert. Aber manchmal, wissen Sie, da juckt einen die rechte Zehe und das Wetter wird bald umschwingen und man hat schon den ganzen Tag so ein Ziehen hinterm Schulterblatt – dann sollte man nicht aufs Ganze gehen, wenn es nicht unbedingt nötig ist. In diesem Fall war es nicht nötig. Ich steckte zurück und versprach, meine Querschüsse einzustellen, woran ich mich im Wesentlichen auch gehalten habe. Wie ich vorher schon sagte: Der Kuchen ist groß genug. Und wer tot ist, kann nicht mehr davon essen.

Über die Jahre sind solche Ereignisse immer wieder vorgekommen. Genau diese Dinge sind es auch, die erklären, warum nicht mehr Leute ins Rotlichtgeschäft einsteigen. Es gibt gutes Geld in dieser Branche zu verdienen. Wo das der Fall ist, tummeln sich die Geschäftsleute normalerweise in Scharen. Denken Sie zum Beispiel an Handyshops: An jeder Straßenecke sprießt einer aus dem Boden, weil sich herumgesprochen hat, dass damit Geld zu machen ist. Ebenso wäre es mit den Bordellen, wenn es nicht solche und andere Probleme gäbe, auf die man immer gefasst sein muss, wenn man eines betreiben will. Ich würde sagen: Das Rotlichtgeschäft lässt sich betrachten wie jedes andere Geschäft auch. Aber ein Bordell wird niemals ein Handyshop sein.

DIE KUNDEN

Wussten Sie, dass dreißig Prozent der Männer, die ins Bordell gehen, den Sex, für den sie dort bezahlen, gar nicht konsumieren? Das ist kein Scherz. Diese Zahl beruht auf den Angaben der Mädchen selbst, und die haben keinen Grund, in diesem Punkt zu lügen. Bei einer Umfrage unter den Männern selbst käme natürlich ein ganz anderes Ergebnis heraus. Das ist genau wie mit den Statistiken zur Penislänge: Bei Befragungen haben Männer einen durchschnittlich zwei Zentimeter längeren Penis als bei Messungen. Das kann nicht nur daran liegen, dass die Hände der Versuchsleiterinnen immer so kalt sind.

Auf den ersten Blick ist es schon ziemlich seltsam: Rund ein Drittel der Kunden eines Bordells oder Saunaclubs bezahlen für eine Leistung, die sie gar nicht konsumieren? Und das immer wieder? Wenn Sie nicht zufällig selbst ein Mann sind und zu diesen dreißig Prozent gehören, fragen Sie sich vielleicht, was die betreffenden Männer in der Zeit machen, für die sie bezahlt haben. Ganz einfach: Sie reden. Es scheint in unserer Zeit ein ungeheures Bedürfnis nach dem Aussprechen der eigenen Sorgen, Probleme und Gedanken zu geben.

Ich kann mich zum Beispiel noch gut an einen Stammkunden erinnern, der ziemlich genau ein Jahr lang mit bemerkenswerter Regelmäßigkeit zweimal die Woche in den

Club kam und immer mit demselben Mädchen in ein Zimmer ging, jeweils für eine ganze Stunde. Er rief jedes Mal vorher an und fragte, ob sie da sei. War sie einmal nicht da, pausierte auch er. Dieser Mann, ein älterer eleganter Herr, der sogar im Bademantel noch eine gewisse Würde ausstrahlte, bezahlte seinem Stamm-Mädchen pro Woche zweihundertvierzig Euro. Wie sie mir erzählte, hatte er sie direkt angesprochen, als er das erste Mal ins Goldentime gekommen war. Seither war er kein einziges Mal mit einem anderen Mädchen ins Zimmer gegangen und er hatte den Rhythmus seiner Besuche von sich aus kein einziges Mal unterbrochen. Nun ist diese Art der Gewohnheitsbildung eines Kunden gegenüber »seinem« Mädchen durchaus keine Seltenheit. Aber die Disziplin und Regelmäßigkeit, die dieser Typ an den Tag legte, machten mich, zusammen mit seiner ungewöhnlichen Erscheinung, doch neugierig.

Ich fragte das Mädchen, was sich mit dem Herrn normalerweise so abspiele. »Nichts«, sagte sie. Das verstand ich zunächst nicht. Sie versuchte, es mir zu erklären, was sich aber schwierig gestaltete, weil ihr Deutsch noch ziemlich schlecht war und nur für die üblichen Anbahnungsgespräche à la »Hallo, Schatzi … Blasen, Ficken: sechzig Euro« reichte. Nach einer Weile begriff ich, was sie mir erklären wollte: Ihr Stammkunde ging mit ihr ins Zimmer, setzte sich neben sie aufs Bett, tätschelte ihr den Oberschenkel und erzählte ihr, nun ja, sein Leben. Zumindest vermutete sie das, sicher war sie nicht, weil sie ja kaum ein Wort verstand.

Am Anfang hatte sie noch versucht, etwas in Gang zu bringen, war ihm durch die Haare gefahren, hatte ihm auch ein paar Mal zwischen die Beine gegriffen und so fort. Aber er redete einfach weiter, ließ sich gar nicht aus der Ruhe bringen. Also gab sie es bald auf, überließ ihm ihr Bein, das er die ganze Stunde hindurch kontinuierlich knetete, und erlaubte ihren Gedanken abzuschweifen, während er redete und redete und redete. Wenn die Stunde vorüber war, klopfte der Alte noch einmal abschließend auf ihren Schenkel, bezahlte und verließ Zimmer und Club.

Eine Zeit lang beschäftigte mich die Frage, ob dieser Kunde wusste, dass das Mädchen, das er sich ausgesucht hatte, überhaupt nicht mitbekam, was er ihr erzählte. Mich verfolgte der Gedanke, er könnte sich absichtlich deshalb an sie gewandt haben, weil das, was er bei ihr loswerden wollte, geheim oder ehrenrührig oder sonst irgendwie zu heiß war, um es tatsächlich preiszugeben. Aber wenn es so war, dann musste er doch befürchten, dass ihre Deutschkenntnisse mit der Zeit besser wurden und sie ihn irgendwann verstand, oder nicht?

Sie hatte offenbar kein Hehl daraus gemacht, dass sie auch das aktive Zuhören, das sie am Anfang noch aus einem gewissen Pflichtbewusstsein betrieben hatte, bald aufgegeben hatte. Es gab keinen Anlass für ihn, anzunehmen, dass sie an der Situation teilnahm, dass es sich um Kommunikation mit Sender und Empfänger handelte. Auch hatte er ihr anscheinend nie eine Frage gestellt, oder aber er hatte sich nie darum gekümmert, dass sie ihm nie eine Antwort gab.

Irgendwann kapierte ich jedoch, dass diese Fragen völlig irrelevant waren. Es war für diesen Kunden ganz unerheblich, ob das Mädchen deutsch sprach. In gewisser Weise war seine Art, die Zeit, für die er bezahlt hatte, zu konsumieren, ausgesprochen konsequent: Keine Ablenkungen, sondern eine ganz saubere Nummer. Dass es sich dabei nicht um Sex handelte, ist eigentlich Nebensache.

Bald darauf musste ich das Mädchen wegen einer Drogenangelegenheit gehen lassen. Ich rechnete nicht damit, dass ihr Stammkunde noch einmal aufkreuzen würde – und wirklich, er kam nicht mehr. Auch das verstand ich jetzt irgendwie. So egal es ihm gewesen war, ob sie ihm zuhörte, so entschieden hatte er sie ausgewählt, als er das erste Mal in den Club gekommen war. Jetzt, wo er sich an sie gewöhnt hatte, wäre es lächerlich gewesen, zu wechseln.

Dieser Kunde war sicher ein ziemlich skurriles Beispiel für die besagten dreißig Prozent, aber er war – wenn ich ihn richtig einschätze – ein Mann mit Prinzipien. Außerdem taugt sein Fall in einem Punkt doch zur Verallgemeinerung: Auch die anderen Männer, die nicht mit ihren Mädchen schlafen, konsumieren eine Leistung, für die sie bezahlt haben. Keiner von ihnen verschenkt einfach so Geld. Es ist eben nur eine andere Art der Leistung, allerdings zum gleichen Tarif. Ich habe angefangen, diese Form der Gesprächstherapie mit Mädchen »die sanfte Prostitution« zu nennen. Sie mögen das seltsam finden, aber bedenken Sie: Das allermeiste, das mit diesem Milieu zu tun hat und von dem ich Ihnen bisher erzählt habe, hat ziemlich scharfe Kanten. Es erfordert manchmal wirklich einen guten Magen, mit all dem, was mit Prostitution so einhergeht, zurechtzukommen. Da tut es gut, sich von Zeit zu Zeit zu vergegenwärtigen, dass dreißig Prozent dieses Geschäfts gar nichts mit käuflichem Sex zu tun haben. Die sanfte Prostitution ist ein wesentlicher Teil dessen, was sich in Bordellen und Saunaclubs Tag für Tag in den Zimmern und Séparées abspielt.

Warum kommen Männer eigentlich in einen Saunaclub? Die meisten suchen meiner Einschätzung nach etwas, das sie zu Hause nicht bekommen. Immer wieder hat sich in Gesprächen mit Kunden und in Umfragen herausgestellt, dass es zum Beispiel gewisse sexuelle Praktiken sind, die von den Freundinnen und Ehefrauen der Männer abgelehnt werden und die sie sich deshalb bei den Mädchen im Saunaclub holen. Dabei geht es zumeist nicht um ungeheuer ausgefallene oder bizarre Techniken. Die Fellatio, auf gut Deutsch: das Blasen, ist diejenige Sexpraktik, die von den Männern am meisten vermisst wird, wenn ihre Frau sie nicht oder nicht oft genug vollzieht. Will der Kunde auch noch in den Mund spritzen, dann zahlt er zu den üblicherweise fälligen sechzig Euro für die halbe Stunde noch einen Aufpreis in ungefähr gleicher Höhe. Die Tarife der Mädchen unterscheiden sich in diesem Punkt etwas, aber die meisten bieten dieses Service an.

An zweiter Stelle folgt der Analsex. Den lassen allerdings weitaus nicht alle Mädchen im Goldentime zu. Aber es gibt eben einige, die darauf eingestellt und spezialisiert sind. Die machen ein sehr gutes Geschäft damit, weil der Aufpreis ähnlich wie derjenige für Mundvollendung ist, dieses Service aber nicht von allen Mädchen angeboten wird.

Im Prinzip ist jeder Anus bei einiger Übung so weit dehnbar, dass er einen durchschnittlichen Penis problemlos aufnehmen kann. Aber manche Mädchen reservieren diesen

Bereich exklusiv für ihre Freunde oder Ehemänner. Den Ausspruch »Mein Arsch gehört meinem Freund!« hat sicher schon so mancher Kunde hören müssen. Und dann gibt es noch den Fall des übergroßen Schwanzes, bei dem Analsex auch für gut trainierte Mädchen zur Qual wird. Wer allzu gut ausgestattet ist, der muss auf diese Freude also meist leider auch im Bordell verzichten.

Sehr stark nachgefragt ist auch die Technik Deep Throat, wenn sie auch nicht so leicht verfügbar ist. Es gelingt nur wenigen Mädchen, den richtigen Winkel zu finden und den Brechreiz zu überwinden, um den Schwanz eines Kunden bis zum Anschlag beziehungsweise bis tief in den Hals zu verschlucken. Zumeist sind das Mädchen, die diese Kunst daheim mit ihrem Freund geübt haben oder die es gemeinsam mit einem Stammkunden gelernt haben. In solchen Stammkundenbeziehungen wird über Monate und manchmal über Jahre hinweg so manches ausprobiert und herumexperimentiert. Mädchen, die Deep Throat beherrschen, brauchen sich niemals über schlechte Geschäfte zu beklagen, und ich glaube, dass diese Kunst auch die Position einer Ehefrau im Leben ihres Mannes wesentlich verändern würde. Ein Mann, der von seiner Frau ab und zu diese ultimative Form des Blowjobs verpasst bekommt, wird sich kaum nach einer anderen umsehen, und wenn seine eigene anstrengend und unansehnlich ist, wird er das auch noch gerne dafür in Kauf nehmen. Eine Frau, die eine wackelige Beziehung retten will, sollte sich deshalb lieber mit Deepthroating befassen, das ist hundertmal effizienter als die teuerste Beziehungstherapie. Spätestens seit 1972, als es Linda Lovelace im Kultstreifen

»Deep Throat« vorgemacht und die halbe Welt inklusive der halben Bürgerschaft darüber diskutiert hat, sollten die Frauen das eigentlich auch wissen. Ich würde sagen: Von den Männern, die nie ein Bordell besuchen, tun es mindestens die Hälfte deshalb nicht, weil ihre Frauen oder Freundinnen Analsex oder Deep Throat zulassen.

Ein Aspekt, der hier noch dazugehört, ist der sogenannte Dirty Talk. Auch das ist etwas, was viele Männer unbedingt wollen, zu Hause aber nicht bekommen. Was ja auch bis zu einem gewissen Grad verständlich ist. Rollenspiele sind innerhalb einer Ehe oder einer festen Beziehung einfach immer eine problematische Angelegenheit. Denn der Dirty Talk ist zumeist verbunden mit der sexuellen Fantasie, man befände sich in einem Macht- oder Ohnmachtverhältnis zur Partnerin. So ein Rollenspiel ist aber nicht ganz unkompliziert, denn: Wer seine Ehefrau während des Sex als dreckige Hure beschimpft, muss immer einen schalen Beigeschmack in Kauf nehmen. Selten lässt sich die Rollenspielebene von der Beziehungsebene so sauber trennen, das so etwas nicht zu Problemen führt, selbst wenn vorher ausgemacht war, Spiel und Realität nicht zu vermischen.

Im Club hingegen bestehen die idealen Rahmenbedingungen, um Fantasien dieser Art mit Leben zu füllen. Gegenüber einer Fremden, der man nie in einer »normalen« sozialen Situation begegnen wird, können solche und andere Triebe ausgelebt werden, ohne Schuldgefühle und zwischenmenschliche Probleme heraufzubeschwören.

Eine gängige Praxis ist es außerdem, dass sich ein Mann im Saunaclub gerade solche Mädchen aussucht, die äußer-

lich das genaue Gegenteil seiner Frau oder Freundin sind. Es ist wirklich erstaunlich, wie oft diese simple Regel zutrifft. Meistens kann ich anhand des Mädchens, das ein Mann im Club wählt, erkennen, wie die Frau aussieht, die er zu Hause hat: Hat er eine Dicke, dann will er eine Dünne und umgekehrt. Hat seine Frau große Brüste, sucht er sich hier ein Mädchen mit kleinen und umgekehrt. Bei einigen Stammkunden, deren Ehefrauen ich kenne, kann ich sogar so weit gehen, zu sagen: Wer eine sehr hübsche Frau zu Hause hat, der sucht sich im Club oftmals eine objektiv weniger schöne, zum Beispiel eine mit einem zu großen Hintern. Denn Männer wollen, wenn sie ins Bordell gehen, oft hauptsächlich eines: Abwechslung. Das ist auch einer der Gründe dafür, warum die Annahme, ein gutes Mädchen müsse groß und schlank sein sowie große Brüste haben, gar nicht zutrifft. Vielmehr geht es darum, die größtmögliche Diversität der Mädchen im Club sicherzustellen, damit für jeden Topf ein Deckel bereitsteht.

Habe ich schon meine These verteidigt, dass der gelegentliche Bordellbesuch eine Ehe retten kann? Psychologen, mit denen ich darüber gesprochen habe, mussten mir zugestehen, dass diese Einschätzung durchaus plausibel ist. Wobei ich mich da weniger auf die Stammkunden beziehe, als auf diejenigen Männer, die ein Bordell oder einen Saunaclub nur ein- bis zweimal im Jahr aufsuchen und von denen es durchaus nicht wenige gibt.

Es ist doch so: Im Laufe einer ehelichen Partnerschaft schleift sich die sexuelle Anziehung mit den Jahren ab. Gerade in Österreich gibt es leider eine Tradition dafür, diese Tatsache zu leugnen, und jede Ehe äußerlich als glücklich darzustellen, ob sie es nun wirklich ist oder nicht. Immer wieder spreche ich mit Frauen, die behaupten: Bei uns ist der Sex nach zwanzig Jahren noch immer spannend. Dazu würde ich sagen: Behaupten kann man's ja. Wobei ich gar nicht leugnen will, dass es diese Fälle gibt, nur halte ich sie für eine krasse Ausnahme. Dass der Sex nicht mehr ganz so spannend ist wie in den ersten paar Jahren, muss meines Erachtens aber kein Verfallszeichen einer Beziehung sein. Es handelt sich dabei, glaube ich, um einen ganz natürlichen Prozess.

Gerade in solchen Fällen kann der gelegentliche Bordellbesuch Wunder wirken. Alles, was sich bei den Männern an unerfüllten sexuellen Fantasien und Gelüsten angestaut hat, geht dann häufig bei wenigen Besuchen ab, löst sich sozusagen. Geschieht das nicht, wird die Ehe durch das Gefühl des Mannes belastet, dass ihm diese seine Wünsche prinzipiell verwehrt werden. Sie fragen, wie es mit der Wunscherfüllung der Frau steht? Da kann ich Sie nur auf meine Überlegungen zu einem Goldentime exklusiv für Frauen verweisen, von dem später noch die Rede sein wird.

Was Ehen hingegen eher zerstört als kittet, ist die Sexsucht mancher Männer, von der ich leider sagen muss, dass sie – wie alle Süchte – auf dem Vormarsch zu sein scheint. Denken Sie nur an prominente Beispiele wie Tiger Woods und diverse Hollywood-Stars, bei denen sich allerdings immer auch die Frage stellt, ob sie Sexsucht nicht einfach als Ausrede benützen, um ihre hemmungslosen Ausschweifungen zu begründen. Dort, wo dieser Begriff angebracht ist, handelt es sich um ein Krankheitsbild, das psychotherapeutisch behandelt werden muss, wenn es unter Kontrolle gebracht werden soll. Echte Sexsüchtige sind daran erkennbar, dass es ihnen bei ihren Puffbesuchen nicht mehr um den Spaß am Sex geht, sondern darum, möglichst viel Sex in möglichst kurzer Zeit unterzubringen. Bei diesem Unterfangen nehmen sie keinerlei Rücksicht auf ihre finanziellen Möglichkeiten und hören erst auf, wenn sie körperlich völlig erschöpft sind. Zu Hause denken sie schon wieder darüber nach, wie sie Zeit und Geld für den nächsten Besuch im Bordell aufstellen können.

Der Sexsüchtige vernachlässigt seine privaten Beziehungen ebenso wie seinen Job, weil ihm beides dabei im Weg steht, so viele Prostituierte wie nur möglich zu freien. Allerdings gibt es doch einen gravierenden Unterschied zu Drogen- oder Spielsüchtigen: Ich habe bisher noch keinen Sexsüchtigen erlebt, der kriminell geworden wäre, um sein Bedürfnis nach noch mehr Sex zu stillen. Bei anderen Süchten gehört die Beschaffungskriminalität hingegen zu den typischen Begleiterscheinungen.

Ich kannte einmal einen Kunden, der besonders schlimm sexsüchtig war. Da er zwangsläufig zu einem Stammkunden wurde, lernte ich ihn automatisch besser kennen und bekam deshalb genau mit, wie ihm sein Leiden zusetzte. Irgendwann treten solche Leute üblicherweise mit der Bitte an den Betreiber des Clubs heran, ihnen den Eintrittspreis zu erlassen oder wenigstens zu senken, weil ihr Geld nicht mehr reicht, um die täglichen Besuche zu finanzieren. Dieser Kunde war der einzige Fall, in dem ich eine Ausnahme machte und ihm Sonderkonditionen beim Eintritt genehmigte. Normalerweise ändere ich die Preispolitik nicht, weil gerade über den konstanten, unverrückbaren Eintrittspreis Vertrauen entsteht, in einer Branche, die sonst oft von gegenseitigem Misstrauen aller Akteure gekennzeichnet ist. Dieser Sexsüchtige war aber, als er mit seiner Bitte kam, schon ein alter Bekannter und im Allgemeinen zudem ein sehr unproblematischer und guter Kunde. Ich bat ihn allerdings, seinen reduzierten Eintrittspreis wenigstens an Sonntagen in Anspruch zu nehmen, weil an diesem Tag besonders wenig los ist und die Mädchen über jeden Kunden froh sind.

Übrigens kann die Prostitution anscheinend nicht nur Ehen, sondern auch den Zölibat retten. In einer meiner früheren Wirkstätten gab es acht bis zehn Priester, die unser Haus regelmäßig und gerne besuchten. Vielleicht sollte ich lieber sagen: Es gab acht bis zehn, die sich deklarierten. Auch im Goldentime haben wir einige Gottesmänner als Stammgäste und im Durchschnitt beehren uns zwanzig Würdenträger pro Monat. Natürlich kommen sie normalerweise nicht mit Kollar und Kutte in den Saunaclub, trotzdem sind sie meist rasch als Geistliche erkennbar. Entweder einer von ihnen verplappert sich bei einem Mädchen, oder sie rücken, sobald sie Stammgäste geworden sind und sich sicher genug fühlen, im Gespräch mit mir irgendwann selbst damit heraus. Sobald einer sein Geheimnis gelüftet hat, ziehen die anderen nach. Am Anfang hatte ich noch Sorge, dass sie versuchen könnten, die Mädchen zu bekehren. Aber bald verstand ich, dass kein Einziger von ihnen mit dieser Motivation in den Club kam.

Ich muss sagen, dass Priester im Allgemeinen sehr angenehme Kunden sind. Sie kommen mit großer Regelmäßigkeit, machen nie Schwierigkeiten, sind kultivierte und freundliche Gesprächspartner und haben selten ausgefallene Sonderwünsche gegenüber den Mädchen. Sie reden nicht gern über den Sex, den sie konsumieren, und bestellen in einem Bordell zwar gern Champagner für die Mädchen, trinken aber selber nur Coca-Cola.

Derzeit gibt es bei uns allerdings einen Seelenhirten, der etwas aus der Reihe tanzt. Für diesen Herrn gehört es zum Service, dass sein Mädchen nach dem Akt gemeinsam mit ihm auf die Knie sinkt und für ihre Sünden um Vergebung bittet. Schließlich sei das, was man hier tue, eine Sünde und da müsse nachher zur Reinigung eben gebetet werden, meint er. Während des Gebetes weint der arme Teufel auch noch bitterlich. Einige unserer Mädchen halten ihn deswegen für einen Freak und weigern sich, mit ihm ins Zimmer zu gehen. Dabei ist er ein gepflegter und durchaus gut aussehender Mann mittleren Alters, den sie sonst bestimmt nicht ablehnen würden. Aber es gibt auch Mädchen, vor allem aus Italien und Spanien, die selbst sehr religiös sind und daher gar kein Problem mit dem Beten nach dem Sex haben. Insgeheim haben sie ohnedies ein schlechtes Gewissen wegen ihrer Arbeit. Da kommt es ihnen sogar entgegen, wenn sie nachher mit einem Gleichgesinnten Gott um Vergebung bitten können – umso besser, wenn ihnen der Kunde vielleicht auch gleich noch die Absolution erteilt.

Der betreffende Priester ist gemeinsam mit einem seiner Kollegen seit dem Tag der Cluberöffnung Stammgast im Goldentime und dieser Tag liegt immerhin einige Jahre zurück. Sie kommen etwa einmal die Woche, was ziemlich genau die durchschnittliche Frequenz eines Stammgastes ist.

Äußerlich unterscheiden sie sich kaum von unseren übrigen Kunden. Nur wer ihren Hintergrund kennt, bemerkt Details, die dann doch zum Berufsstand passen, den sie repräsentieren: Der Haarschnitt erinnert ein wenig an die Neunzigerjahre, und auch die Armbanduhr ist einerseits nicht gerade modisch, andererseits aber auch kein echter Oldtimer.

Diese Merkmale trafen übrigens auch auf einen Priester zu, der in meiner Zeit in Innsbruck mit ungeheurer Regelmäßigkeit unser Lokal aufsuchte. Bei ihm waren es im Schnitt drei, manchmal auch vier Besuche die Woche und dabei kam er extra aus Südtirol mit dem Auto angereist. Wenn Sie einmal Gelegenheit haben, einen Blick in ein Grundbuch in Südtirol zu werfen, werden Sie feststellen, dass dort etwa vierzig Prozent sämtlicher Liegenschaften der katholischen Kirche gehören. Die Kirche hat in Südtirol ungeheure Macht und vor allem auch sehr viel Geld. Entsprechend gut dürfte sie ihre Leute bezahlen, denn der betreffende Padre ließ im Monat gut und gerne drei- bis viertausend Euro in unserem Haus.

Wenn ich mir das jetzt überlege, ist es eigentlich undenkbar, dass er das alles von seinem Gehalt bezahlt hat. Entweder der Bursche zweigte einen Haufen Geld aus dem Klingelbeutel ab, um es im Bordell so richtig klingeln zu lassen, oder er verfügte über ein ererbtes Privatvermögen. Im Gegensatz zu unseren aktuellen Priester-Stammkunden im Goldentime war mir dieses Südtiroler Exemplar auch nicht wirklich sympathisch. Nicht dass ich ein moralisches Problem damit hätte, dass ein Hochwürden seine Bedürfnisse auf diese Weise befriedigt. Aber dieser Don Camillo dünstete die Doppelmoral geradezu aus. Er trug rote Sneakers, wie man sie als katholischer Würdenträger mit dem nötigen Kleingeld in einer Spezialboutique in Rom kaufen kann. In derselben Boutique übrigens, die dem Papst höchstpersönlich die Slips schneidert. Außerdem brauste er mit seinem BMW-Cabrio immer deutlich hörbar in die Einfahrt und behandelte schon die Empfangsdame von oben herab, wobei er nur Italienisch sprach, obwohl an seinem Akzent gut erkennbar war, dass seine Muttersprache eigentlich Deutsch war.

Sein ganzes Auftreten signalisierte: Mir kann keiner das Wasser reichen. Und entsprechend brüstete er sich auch mehr als einmal damit, dass in der katholischen Kirche ohnehin alle über die Bordellbesuche ihrer Priester Bescheid wüssten. Bis in die höchsten Kreise sei das gang und gäbe und werde daher auch recht offen geduldet. Er berichtete von regelrechten Bordelltouren, zu denen sich vor allem die jüngeren Priester und auch die Priesterschüler in den Seminaren gemeinsam an ihren freien Abenden aufmachten. Sie schwärmten vom Domkapitel in die Bordelle aus und kämen erst in den frühen Morgenstunden völlig leergevögelt wieder zurück.

Als ich ihn auf die damals schon aufkommenden Skandale im Zusammenhang mit homosexuellen Übergriffen innerhalb der katholischen Kirche ansprach, winkte er ab. Im Vergleich zu den Bordellbesuchern sei das eine verschwindend kleine Gruppe, nichts als ein Schisma, eine Abspaltung gewissermaßen. Die große Mehrheit seiner Kollegen sei absolut straight, und viele hätten eben herausgefunden, dass das Bordell die angemessenste, weil einfachste und diskreteste Möglichkeit sei, seine natürlichen Bedürfnisse zu befriedigen.

Schlicht aus Gründen der Zielgruppenanalyse hat mich das Thema der Priester im Bordell immer interessiert, schließlich stellen sie eine männlich dominierte Berufsgruppe ohne offizielle regelmäßige Sexpartner dar, also im Grunde das Traumpublikum für jeden Bordellbetreiber. Bei meinen regelmäßigen Besuchen deutscher Bordelle, bei denen ich in Sachen Branchenentwicklung am neuesten Stand zu bleiben versuche und mich mit den dortigen Betreibern und teilweise auch den Mädchen unterhalte, habe ich festgestellt, dass in Deutschland Priester als Bordellkunden noch selbstverständlicher sind als in Österreich. Ich kann keine repräsentativen Zahlen vorlegen, aber aus dem Bauch heraus würde ich schätzen, dass zumindest zehn Prozent aller deutschen und acht Prozent aller österreichischen katholischen Geistlichen in der einen oder anderen Form die Rotlichtbranche frequentieren. Gut so. Besser sie treiben es im Bordell, als sie werden kriminell, indem sie Schutzbefohlene begrapschen oder auf noch schlimmere Weise missbrauchen. Es wäre auch zu billig, gerade den Priestern Bordellbesuche vorzuwerfen, zumal auch alle anderen Berufsgruppen heimlich ins Bordell gehen und nach außen hin eine ganz andere Moral zur Schau stellen. Letzten Endes sind eben auch Priester einfach nur Männer, und meine Erfahrung hat mich gelehrt, dass fast jeder Mann zum Bordellbesucher wird, wenn nur die Umstände stimmen.

Ich würde mich in diesem Punkt jederzeit auf eine Wette einlassen: Schicken Sie heute ein hübsches Mädchen in ein beliebiges Wirtshaus oder an einen anderen öffentlichen Ort, wo sie die anwesenden Männer ins Bordell einlädt. Die allermeisten, sagen wir zwei von drei, wird sie gar nicht lange überreden müssen. Und das letzte Drittel, die Zögerer, haben zum Großteil nur Angst, dass es für sie negative Konsequenzen haben könnte, zu teuer sein wird oder dass nicht das geboten wird, was sie sich wünschen. Moral spielt dabei kaum eine Rolle. Eigentlich will jeder Mann ins Bordell. Je weniger Sex er in letzter Zeit hatte, umso mehr. Das erklärt wohl schon recht schlüssig, warum so viele Priester, offen oder versteckt, in den Bordellen zu finden sind.

Ich habe mich auch schon gefragt, wie ich durch gezielte Werbung noch mehr Priester ins Bordell locken könnte. Das wäre eine von diesen Werbekampagnen, die schon aufgrund ihres Schockeffekts einen eminenten Mehrwert haben würde. Sie erinnern sich bestimmt an die skandalisierte Benetton-Kampagne mit dem Priester/Nonne-Liebespaar.

Die Polarisierung, die durch das Bewerben eines Bordells automatisch entsteht, ist überhaupt ein Thema, das sich durch alle meine Marketingbemühungen zieht und sowohl positive als auch negative Folgen mit sich bringen kann. So musste ich zum Beispiel ein großes Plakat an der Wiener Südausfahrt nach einer Ermahnung des Werberates entschärfen. Mehrere Familien hatten sich beschwert, dass sie mit ihren Kindern am Weg in die Ferien dieses Plakat passieren und die unangenehmen Fragen der lieben Kleinen beantworten mussten, warum sich da eine schöne nackte Frau mit Riesenbrüsten an einem Pool räkelt. Da ich den ausgezeichneten Werbestandort nicht verlieren wollte, ersetzte ich das freizügige Bild durch unser harmlosestes Sujet – den schematischen Schattenriss einer langhaarigen Frau mit Badetuch. Ich weiß nicht, ob die Kinder ihren Eltern jetzt auch noch Fragen stellen, aber seither gab es anscheinend keine Beschwerden mehr.

Plakatwerbung macht aber nur einen relativ kleinen Teil meiner Marketingbemühungen aus. In ganz Wien hängen rund achtzig Plakate auf offiziellen Ständern, hin und wieder schicke ich Leute zum Plakatieren durch die Lokale. Sie hängen kleine Plakate auf, vor allem in den Toiletten, manchmal auch in den Gasträumen. Und die sind bei den Wirten und bei ihren Gästen durchaus beliebt. Viele werden sogar gestohlen.

Meine Marketingausgaben machen in Summe etwa fünfzehn Prozent des Gesamtumsatzes des Goldentime aus. Plakate und Inserate sind dabei der kleinere Posten. Etwas kostspieliger sind schon unsere firmeneigenen Smarts, die großflächig mit dem Bild eines hübschen Mädchens und unserem Firmenlogo versehen sind. Wenn meine Mitarbeiter in der Stadt unterwegs sind, zeigen die Reaktionen der Passanten immer wieder, wie wirksam dieses Werbemittel ist.

Viel Geld stecke ich auch in Direktmarketing und Kundenbindungsmaßnahmen. Wie schon gesagt halte ich den Eintrittspreis grundsätzlich absolut stabil, um Verlässlichkeit herzustellen. Das hindert mich allerdings nicht daran, mittels eines Rabattsystems positive Anreize zu schaffen. So bekommen etwa alle Kunden, die Mitglieder bestimmter Berufsgruppen sind, einen elektronisch registrierten Schlüsselanhänger, mit dem sie beim Empfang eine Eintrittsermäßigung von zwanzig Euro erhalten. Zu diesen Gruppen gehören zunächst einmal alle Uniformierten, also Polizisten, Feuerwehrmänner, Mitarbeiter von Rettungsdiensten und so weiter. Im Grunde bekommen den Schlüsselanhänger alle

Mitglieder derjenigen Organisationen und Firmen, die eine großteils männliche Belegschaft aufweisen und deren innerer Organisationsgrad hoch genug ist, um es sinnvoll erscheinen zu lassen, auf diese Weise zu werben. Ich setze dabei auch auf Mundpropaganda, der ich ein bisschen nachhelfe. Habe ich einen Stammkunden im Haus, der selbst in einer solchen Organisation arbeitet, informiere ich ihn über unser Rabattsystem und frage ihn, wie ich es innerhalb seiner Firma bekannt machen könnte. Oft läuft das dann über den Betriebsrat und entwickelt eine sehr erfreuliche Eigendynamik: Das Goldentime wird in der betreffenden Firma zum Gesprächsstoff, etwa in der Mittagspause, und in der Folge gibt es Gruppenbesuche der Angestellten, was den gewährten Rabatt absolut wert ist. In Organisationen und Firmen mit höherem Frauenanteil lohnt sich das gleiche Prinzip deshalb nicht, weil sich die dort arbeitenden Männer nicht so frei über Bordellbesuche zu sprechen trauen, weshalb sich die notwendige Gruppendynamik nicht einstellt.

Ich glaube ja, dass das System mit den Schlüsselanhängern durchaus auch bei unseren klerikalen Besuchern funktionieren könnte. Wenn Sie also in nächster Zeit einmal feststellen, dass Ihr Gemeindepfarrer die Schlüssel zur Pfarre neuerdings an einem ungewöhnlich modernen Anhänger trägt, dann wissen Sie, dass ich meine Idee in die Tat umgesetzt habe. Fragen Sie ihn dann doch, ob er sich im Goldentime gut amüsiert hat.

Eine Steigerungsstufe der Schlüsselanhänger sind unsere schwarzen Karten in Scheckkartengröße, die ausschließlich auf konkrete Personen ausgestellt werden und mit denen der

Eintritt frei ist. Sie sind vor allem für Geschäftspartner reserviert, die dem Goldentime einen massiven Preisnachlass bei einer eingekauften Leistung gewährt haben. Auf diese Art habe ich schon sehr viel Geld gespart. Da war zum Beispiel ein Tischler, dem ich nur die Hälfte des ursprünglich veranschlagten Preises für die Einrichtung des Goldentime bezahlen musste, weil er so scharf auf diese magische schwarze Karte war. Dabei gilt sie natürlich nur für den Eintritt. Das Mädchen, mit dem er seinen eigenen Deal aushandeln muss, ist nicht inbegriffen.

Männer, die glaubwürdig versichern, dass sie regelmäßig größere Gruppen zahlender Kunden für den Club werben, bekommen die schwarze Karte ebenfalls. Das sind zum Beispiel Lokalbesitzer. In diesen Fällen überprüfe ich allerdings genauestens, ob sich das Investment auch lohnt, und sperre die Karte sofort, wenn sich das Ganze als nicht lukrativ genug erweist.

Zu nennen wäre in puncto Marketingaktionen auch unser Sexy-Taxi-Pass, mit dem sich Taxifahrer für jeden Kunden, den sie zu uns bringen, einen Stempel holen können. Ist der Pass vollgestempelt, winkt ein einmaliger freier Eintritt. Als wirksam hat sich auch der Kontakt mit den Concierges größerer Hotels erwiesen, die exklusiv für das Wohl der Hotelgäste zuständig sind. In dieser Sache hat es sich bewährt, den Leuten einfach direkt ein Trinkgeld von hundert bis zweihundert Euro in die Hand zu drücken und sie darum zu ersuchen, ihre Gäste bei Interesse an fröhlicher Abendgestaltung auf das Goldentime aufmerksam zu machen. Natürlich gibt es in diesem Fall keinerlei Kontrolle, ob das auch wirklich geschieht. Aber erfahrungsgemäß funktioniert es. Die Concierges bekommen von ihren Gästen oft entsprechende Anfragen und haben keinen Grund, ihnen nicht das Goldentime zu empfehlen, zumal sie von uns auch noch freundlich behandelt wurden.

Das wichtigste Werbemittel ist aber eindeutig das Internet. Eine professionelle Homepage, die auch eine Stange Geld kostet, ist Grundausstattung. Über die Zugriffsstatistik kann ich kontrollieren, welche Teile der Seite und welche Bilder wie oft und von welchem Land aus angeklickt werden. So lässt sich leicht die Werbewirksamkeit des eigenen Internetauftrittes prüfen und steigern. Letzten Endes geht es dabei hauptsächlich darum, auf Google Plätze gut zu machen. Je weiter vorne wir bei Eingabe der entsprechenden Suchbegriffe mit unserer Seite platziert sind, umso größer ist der Effekt.

Eine untergeordnete Rolle spielen hingegen die Kritiken, die Rotlicht-Etablissements in den diversen Erotikforen bekommen. Anfangs habe ich recht viel Zeit und Energie aufgewendet, um bei diesen Forumsdiskussionen auf dem Laufenden zu bleiben und sie nach Möglichkeit in meinem Sinn positiv zu beeinflussen, wenn vom Goldentime die Rede war. Aber nach einiger Zeit habe ich verstanden, dass es in Wirklichkeit ein ziemlich überschaubarer Kreis von Personen ist, der sich in diesen Foren Diskussionen liefert. Investitionen in die Suchmaschinen-Platzierung rechtfertigen den Aufwand an Zeit und Geld viel eher.

Bei der Frage ihrer »Treue« gibt es große Unterschiede bei unseren Kunden und damit meine ich natürlich nicht diejenige gegenüber ihren Ehefrauen. Zu Beginn dieses

Kapitels habe ich Ihnen am Beispiel des älteren Herren das eine Extrem geschildert: Der Kunde, der sich bei seinem ersten Besuch ein Mädchen aussucht und sie fortan als seine »Freundin« betrachtet. Diese Fixierung kann sich soweit steigern, dass der betreffende Kunde sein Mädchen zum Beispiel dafür bezahlt, dass sie tagsüber keine anderen Kunden bedient, bevor er am Abend Zeit hat und in den Club kommt. Sie sagt ihm, wie viel der durch die untätige Warterei erlittene Verdienstentgang beträgt, und er ersetzt ihr die Summe. Diese Praxis ist, wie Sie leicht nachrechnen können, ausgesprochen teuer, aber gar nicht so selten. Meistens halten sich die Mädchen sogar an ihren temporären Zölibat, zumindest, wenn ihnen ihr Verehrer sympathisch ist.

Das andere Extrem bilden jene Kunden, die mit dem Vorsatz in den Club kommen, es keinesfalls zweimal mit ein und demselben Mädchen zu treiben. Ihr durchaus plausibles Argument lautet: Treue kann ich zu Hause haben. In den Saunaclub komme ich wegen der Abwechslung.

Um die ganz unterschiedlichen Bedürfnisse dieser beiden Pole zu befriedigen, muss ich als Clubbetreiber den Zustrom an Mädchen so steuern, dass für alle etwas dabei ist. Ich brauche einerseits einen Stamm an beliebten, fixen Mädchen, die dem Club nach Möglichkeit für mehrere Jahre erhalten bleiben. Denn geht so ein Mädchen plötzlich weg, verliere ich all ihre Stammkunden. Andererseits muss ich ein ausreichendes Maß an Fluktuation garantieren, damit jene Kunden, die Abwechslung suchen, nicht vom Anblick der immergleichen nackten Mädchen gelangweilt werden. Diesen Spagat schaffe ich, indem ich bei den ersten Gesprächen mit den Mädchen schon vorfühle, wie ihre Zukunftspläne aussehen. Ist die Arbeit in meinem Club für sie nur eine Episode, oder wollen sie, wenn es gut läuft, hier bleiben? Manchmal bringt mich leider die widersprüchliche Nachfrage der Kunden in die Situation, Mädchen, bei denen eigentlich alles passt, nicht nehmen zu können, weil das Pendel sonst zu stark in die eine oder andere Richtung ausschlüge. Das ist dann natürlich schade, aber so ist das Geschäft.

Zu denjenigen Kunden, die ihr Stamm-Mädchen als ihre Freundin betrachten, muss ich Ihnen noch etwas erzählen: Viele dieser Männer sind ganz froh darüber, dass sie dieses Mädchen nicht zu Hause haben, sondern sie nach Belieben im Club besuchen kommen können. Gar nicht selten kommen Männer aber an den Punkt, an dem sie so ein Mädchen ganz für sich allein haben wollen. Das endet tatsächlich häufig in einer Ehe. Vor allem, wenn der Kunde dem Mädchen finanziell genug bieten kann, um ihr den Ausstieg aus dem Milieu schmackhaft zu machen.

Dabei möchte ich betonen, dass solche Ehen eigentlich immer von Seiten der Männer initiiert werden. Das Klischee würde es ja eher wollen, dass die Mädchen ständig bestrebt sind, sich einen Millionär zu angeln. Aber selbst wenn sie schon ein Alter oder eine Lebensphase erreicht haben, in der sie den Ausstieg aus dem Geschäft planen, sind sie meiner Erfahrung nach so gut wie nie auf der Suche. Der Grund dafür ist, dass sich das Männerbild der Mädchen im Zuge ihres Berufslebens meist so drastisch verschlechtert, dass sie nicht mehr daran glauben, noch einen aufrichtigen Mann zu finden. Das wiederum ist natürlich die Schuld der Männer. Fast jeder Kunde, mit dem die Mädchen zu tun haben, fährt nach eigener Aussage einen Porsche, hat mindestens ein Landhaus und vielleicht auch noch eine Yacht. Da die Mädchen schnell lernen, dass das und vieles andere in den meisten Fällen nur Show ist, tendieren sie bald dazu, den Männern gar nichts mehr zu glauben. So habe ich es schon oft erlebt, dass ein Mann, der es wirklich ernst meinte, monatelang baggern musste, bevor ihn das Mädchen seiner Wahl erhörte und mit ihm ging: Sie wollte einfach nicht glauben, dass er es ehrlich meinte.

Ehen zwischen Mädchen und Kunden sind allerdings eine schwierige Sache und die meisten gehen schief. Andererseits lässt sich das auch von der Mehrzahl aller anderen Ehen sagen. Vielleicht stehen also die Chancen so einer Ehe gar nicht viel schlechter. Im Idealfall, vor allem bei einem Mädchen jenseits der Dreißig, kann die Sache auch sehr harmonisch und geruhsam werden. Sie hat sexuell schon alles gesehen und erlebt und kein Bedürfnis mehr nach Abenteuern auf diesem Gebiet. Und er ist froh, dass sie für ihn ausgestiegen ist und verwöhnt sie dementsprechend. Häufiger ist es aber so, dass früher oder später die Vergangenheit des Mädchens zu einer vor allem psychisch wirksamen Belastung für beide Partner wird. Der Mann wird zumeist unterschwellig das Gefühl nicht los, dass er seine Ehefrau »gekauft« hat und deshalb über sie bestimmen darf. Pariert sie nicht so, wie er will, wird er misstrauisch und erteilt ihr Befehle. Sobald sie mitbekommt, dass er ihr nicht vertraut, wird sie sauer. Er wirft ihr vor, dass sie eben doch nur eine Nutte ist. Sie findet, dass sie es nicht nötig hat, sich von ihm Vorwürfe machen zu lassen, verlässt ihn und kehrt nun tatsächlich in ihren alten Beruf zurück. Sie dürfen nicht vergessen, dass die Mädchen üblicherweise stolz darauf sind, dass sie mit ihrer Arbeit in der Lage sind, ihre Lebenshaltungskosten auf einem sehr hohen Niveau selbst zu decken. Will ein Mann ihre Freiheit beschneiden, und sei es der eigene Ehemann, reagiert ein solches Mädchen sehr leicht mit der Rückkehr in ihre finanzielle Selbständigkeit.

Ältere Männer haben meistens genug Lebenserfahrung, um ein Mädchen in so einem Fall wieder ziehen zu lassen. Junge Männer reagieren hingegen häufig damit, die Entscheidung des Mädchens, das sich von ihnen abgewandt hat, nicht zur Kenntnis nehmen und sie um jeden Preis halten beziehungsweise zurückholen zu wollen. Ich weiß das, weil es immer wieder Probleme mit randalierenden Burschen im Alter von zwanzig bis fünfundzwanzig Jahren gibt, die im Club auftauchen und das Mädchen, das sie verlassen hat, mitnehmen wollen. Manche rufen auch pausenlos an oder fangen in meinem Büro oder im Club zu weinen an – alles schon erlebt.

Interessanterweise ist es sogar bei jungen Zuhältern häufig so, dass sie irgendwann die Krise bekommen und das Mädchen wieder für sich alleine wollen. Das bringt die Betroffene natürlich in eine Zwickmühle: Einerseits soll sie anschaffen gehen, andererseits ist sie mit massiver Eifersucht konfrontiert, wenn sie ihrer Arbeit nachgeht. Häufig sind es SMS oder Anrufe, die ihr Freund, respektive Zuhälter, nicht zuordnen kann. Da klingelt ein paar Mal zu oft das Telefon oder sie kommt später nach Hause als gedacht, und schon

spinnt er sich eine Geschichte zusammen, in der sie mit einem Kunden etwas angefangen hat, das über das Geschäftliche hinausgeht oder bald hinausgehen wird.

Einer dieser Eifersuchtsfälle hatte es besonders in sich. Das Mädchen war erst seit etwa einer Woche in die Arbeit zurückgekehrt. Üblicherweise ist das in solchen Fällen die gefährlichste Zeit: Wenn der Verlassene in den ersten paar Wochen nach dem Ende der Beziehung seinem Zorn und seiner Enttäuschung nicht nachgibt, dann passiert später zumeist auch nichts mehr. Anders gesagt: Wenn die Typen ausrasten, weil das Mädchen, das gerade noch ihre Geliebte oder sogar ihre Frau war, wieder als Prostituierte arbeitet, dann sofort.

In dem Fall, von dem ich Ihnen gerade erzähle, kannte ich das Mädchen recht gut, weil sie vorher schon lange bei uns gearbeitet hatte. Als sie wegen des jungen Burschen, den sie erst seit Kurzem kannte, ausstieg, war mir klar, dass sie bald wieder zurück sein würde. Ich glaube, dass das auch ihr klar war. Sie wollte einfach ein bisschen Spaß haben, ein paar Monate lang ein Leben als ganz normales junges Mädchen führen und das Verliebtsein genießen. Der Typ, mit dem sie ging, verdiente weniger als ein Fünftel dessen, was sie im Club umgesetzt hatte. Und die ganz große Liebe, bei der so etwas nichts bedeutet, schien es auch nicht zu sein. So viel konnte ich dem, was sie mir erzählt hatte, schon am Anfang entnehmen.

Als sie zurückkam, stellte ich nicht erst groß Fragen, sondern signalisierte ihr, dass sie herzlich willkommen sei. Schließlich war sie ein gutes, erfahrenes Mädchen und einige ihrer Stammkunden, die in den Monaten ihrer Abwesenheit nicht mehr oder fast nicht mehr zu uns gekommen waren, würden nach ihrer Rückkehr bald wieder an unserer Rezeption auftauchen. Was ich allerdings schon von ihr wissen wollte, war, wie ihr Freund die Trennung aufgenommen hatte. Wenn so ein Mann Rache geschworen hat, gebe ich den Securitys vorsichtshalber eine Personenbeschreibung und bereite sie auf Krawall vor. Sie beschwichtigte mich aber und meinte, sie könne sich nicht vorstellen, dass ihr Ex irgendwelche Probleme machen würde.

Aber: Es gab Probleme. Der Bursche brach in einer der folgenden Nächte allen Ernstes ins Goldentime ein und suchte lange nach Sperrstunde nach seiner Freundin. Irgendwie hatte er in Erfahrung gebracht, dass sie vorübergehend hier schlief, weil sie ja bei ihm ausgezogen war und noch keine andere Bleibe hatte. Er überwand bei seiner Suche eine Sicherheitstür, fand das Mädchen aber zum Glück nicht. Was er fand, war der Nachtwächter, der den Einbrecher in Gewahrsam nahm. In so einem Fall hat es aber wenig Sinn, die Polizei zu alarmieren, weil das allen Beteiligten nur Schwierigkeiten macht und der Bursche so pleite war, dass er ohnehin keinen Schadenersatz für die aufgebrochenen Türen leisten konnte. Es reichte, dem unglücklichen Einbrecher einzuschärfen, dass er nicht mehr auftauchen solle.

Wild gewordene Frauen stellen kein geringeres Problem dar als wild gewordene Männer. Wieder geht es um Ehen und daraus resultierende Enttäuschungen, aber in ganz anderer Konstellation. Die Ehefrauen, von denen ich rede, sind natürlich keine Anhängerinnen meiner Theorie von der segensreichen Wirkung des gelegentlichen Bordellbesuches für das Funktionieren einer Ehe. Haben Sie sich schon einmal vorgestellt, was passiert, wenn eine treue, monogam lebende Ehefrau herausfindet, dass ihr Gatte einen Saunaclub besucht? In den Filmen sind die Showdowns, die sich daraus ergeben, immer sehr unterhaltsam für das Publikum. Ich möchte gar nicht leugnen, dass sie auch in der Realität ein gewisses komisches Potenzial haben. Trotzdem kann das Ganze auch in Gewalt umschlagen und das ist dann nicht mehr lustig. Ich kann Ihnen nicht erklären, warum, aber die markantesten Fälle dieser Art gab es in Oberösterreich. Dort wurde ich gemeinsam mit meinem Partner via Überwachungskamera immer wieder Zeuge von Fällen, wo ein Mann, der gerade unser Haus verließ, vor der Tür von seiner Gattin erwartet wurde und tatsächlich handfeste Prügel bezog. In einem Fall sprang der gesuchte Schwerenöter angesichts seiner vor der Tür wartenden Ehefrau kurzerhand aus dem ersten Stock und flüchtete über den Acker hinter unserem Haus, um nicht von ihr erwischt zu werden. Wie er seiner Frau später erklärt hat, warum sein Auto auf unserem Parkplatz stand, weiß ich nicht.

Eine andere Frau patrouillierte fast eine Woche lang jeden Abend vor unserer Tür, weil sie offenbar vernommen hatte, dass ihr Mann ein regelmäßiger Besucher unseres Hauses war. Er kam allerdings in dieser Zeit nie, weil er gewarnt worden war. Trotzdem war es ein bedrohliches Bild, Abend für Abend diese wütende Frau vor der Eingangstür zu haben. Schließlich gemahnte sie viele andere Kunden daran, welche Gefahr vielleicht auch ihnen drohte, wenn sie erwischt würden.

Meistens werden die Frauen auf die Gewohnheiten ihres Mannes aufmerksam, wenn sie SMS abfangen, die von Mädchen an die Kunden geschickt werden. Zwar versuchen wir den privaten Kontakt zwischen Mädchen und Kunden im Prinzip zu unterbinden, weil der Club ja um seinen Verdienst geprellt wird, wenn Treffen außerhalb stattfinden. Aber in Einzelfällen erlauben wir den Mädchen solchen Kontakt, wenn er dazu dient, die Bindung des Kunden an den Club zu erhöhen. Der Telefonnummern-Tausch wird meistens ohnehin vom Kunden selbst vorgeschlagen und das Mädchen schreibt ihm dann eben Botschaften der käuflichen Liebe. Dass sie ihn vermisst zum Beispiel und wann er denn das nächste Mal vorbeischaut.

Es gibt aber auch Situationen, wo die betrogene Ehefrau zu anderen Mitteln der Aufklärung greift. Da gab es zum Beispiel den Fall eines Kunden, dessen Frau sich eines Berufsdetektivs bediente. Der hatte natürlich leichtes Spiel und meldete seiner Auftraggeberin bald, dass es ihm persönlich natürlich sehr leid tue, sich ihr Verdacht aber bestätigt habe: Der werte Gatte besuche mehrmals wöchentlich den Saunaclub Goldentime. Nachdem er der aufgebrachten Frau noch auseinandergesetzt hatte, was ein Saunaclub genau ist und ihr unsere Adresse ausgehändigt sowie sein Honorar eingestrichen hatte, machte er sich aus dem Staub. Die betrogene Ehefrau blieb mit ihrem Zorn alleine zurück. Und da gerade der Tag und die Uhrzeit stimmten, beschloss sie, die Informationen des Privatdetektivs umgehend auf ihren Wahrheitsgehalt zu überprüfen, indem sie dem Goldentime einen Besuch abstattete.

Wenn wütende Frauen mittleren Alters auftauchen, wissen unsere Damen an der Rezeption sofort, was los ist. Denn Frauen haben ja keinen Zutritt zum Club, wenn sie nicht hier arbeiten oder in Begleitung eines Mannes kommen. Die Rezeptionistin versuchte also zunächst einmal, die Besucherin zu beruhigen und ihr zu erklären, dass sie leider nicht eintreten dürfe. Aber die Dame protestierte scharf. Sie glaubte, nur deshalb nicht hereingelassen zu werden, weil ihr Mann drinnen gerade ein nacktes Mädchen auf dem Schoß hatte. Damit lag sie ja auch nicht ganz falsch.

Ich weiß nicht mehr, ob die Botschaft irgendwie nach drinnen weitergegeben wurde oder ob die Gattin einfach ein solches Geschrei an der Rezeption machte, dass ihr Mann es im Inneren des Clubs hörte – jedenfalls bekam er Panik, bugsierte das Mädchen von seinem Schoß und versteckte sich im entlegensten Winkel des Clubs. Es ist immer wieder erstaunlich, wie viel Angst Männer, die für die Mädchen gerade noch den großen Zampano markiert und mit Geld um sich geworfen haben, vor ihren Ehefrauen haben.

An diesem Punkt mischte ich mich ein, weil ich aus Erfahrung schon wusste, dass sich solche Situationen nicht von allein lösen. Es lag ein Patt vor: Der Mann weigerte sich, den Club zu verlassen, solange seine Frau auf ihn wartete, die ich vom Monitor in meinem Büro aus schimpfen und zetern und drohen sehen konnte. Und die Frau weigerte sich, zu gehen, ehe ihr Mann herauskommen und sich ihr stellen würde. Nachdem ich ihr freundlich erklärt hatte, dass ich nicht wisse, ob ihr Mann bei uns Gast sei – was nicht stimmte – und dass es wirklich nicht anging, dass sie hier in der Lobby einen solchen Aufstand mache – was absolut stimmte –, ließ sie sich immerhin dazu überreden, auf dem Parkplatz auf ihn zu warten. Damit hatte ich dem armen Schwein Zeit verschafft.

Als Nächstes ging ich in den Club und fragte mich zu ihrem Gatten durch, der sich in einem leeren Séparée im Garten versteckt hatte. Als ich den Vorhang zurückzog, zuckte er zusammen. Ich erläuterte ihm die Situation und fragte ihn, ob er sich denn nicht stellen und das Ganze mit seiner Frau klären wolle. Das wies er kategorisch zurück, keine Chance. Also schwenkte ich auf Plan B um und eröffnete ihm, dass es natürlich eine Art Hinterausgang gab. Zwar musste er dafür über eine Mauer klettern, aber unter den gegebenen Umständen erschien ihm das als weit geringeres Übel. Allerdings gestattete ich ihm diese Flucht nur unter einer Bedingung: Sobald er weit genug weg war, sollte er seine Frau anrufen und sie davon überzeugen, dass er sich nicht im Goldentime befand.

Er gab mir seinen Kästchenschlüssel und ich holte unauffällig seine Kleidung aus der Garderobe. Im Garten zog er sich um, und dann halfen ihm zwei der kräftigeren Mädchen dabei, die Mauer zu überwinden, was sich ein bisschen schwierig gestaltete, weil er nicht gerade der Schlankste war. Aber viribus unitis hievten wir ihn hinüber. Etwa zehn Minuten später verschwand seine Frau vom Parkplatz, die bis dahin rauchend auf und ab getigert war und Grimassen geschnitten hatte wie Hulk Hogan vor dem Kampf. Ich bin froh, dass sich das Wrestling, das zweifellos folgte, nicht im Goldentime abgespielt hat.

Der traurige Held dieser Geschichte war mittleren Alters. Der Einbrecher, der seine Exfreundin im Club suchte, war

Mitte zwanzig. Und der Stammkunde mit dem Rededrang wiederum war schon ein älteres Semester. Was ich damit sagen will: Ein Saunaclub ist im Prinzip für Kunden jeden Alters interessant. Nur ganz junge Burschen zwischen achtzehn und zweiundzwanzig sowie wirklich alte Männer kommen selten bis nie. Den jungen Burschen sind die Preise zu hoch, und warum die alten Männer nicht kommen, können Sie sich wahrscheinlich selbst denken. Wobei Potenz ein Thema ist, das im Zusammenhang mit Saunaclubs nicht unerwähnt bleiben darf.

Das ideale Szenario aus Sicht der Mädchen sieht dabei folgendermaßen aus: Der perfekte Kunde ist entweder potent und schnell zufrieden zu stellen, oder aber ziemlich bis völlig impotent, mit starker Motivation, es wieder und wieder zu versuchen, sodass sich aus vielen halben Stunden eine erkleckliche Summe ergibt. Seit es Viagra und Co gibt, sind diese idealen Fälle seltener geworden. Immer öfter sind die Mädchen damit konfrontiert, dass sie von der ersten bis zur letzten Sekunde jener halben Stunde, für die ihr Kunde bezahlt hat – nun ja, man muss es wohl sagen – durchgefickt werden. »Gedopte« Kunden wollen eben gern auskosten, wofür sie bezahlt haben.

Ein ähnliches Problem gibt es in diesem Zusammenhang mit den Koksern, was ein weiterer Grund ist, Drogen vom Club fern zu halten. Ich kann allerdings schlecht die Taschen der Kunden filzen. Wenn Sie selbst nicht zu den Konsumenten von Kokain gehören, wissen Sie es vielleicht nicht, aber: Männer auf Kokain haben durchaus Stehvermögen, sind aber ziemlich unfähig, die Sache zum Höhepunkt und damit zu

Ende zu bringen. Je höher die Dosis, umso stärker ist natürlich dieser Effekt. Tatsächlich hat mir ein Kunde einmal im Vertrauen erzählt, er habe beim Sex auf Koks Minute für Minute das Gefühl, dass es immer intensiver und besser werde. Zugleich aber entferne sich der Höhepunkt immer mehr, je stärker er ihn als Erlösung herbeisehne. Diese Schilderung gibt anscheinend kein Einzelschicksal wieder, sondern ist ein mit dieser Droge zwingend verbundener Effekt.

Zudem gibt es ständig neue Substanzen, die zur Steigerung der Potenz auf den Markt geworfen werden. Und das sind nicht nur homöopathische Scherzartikel wie Nashornpulver und ähnlicher Schrott. Aus Thailand ist zum Beispiel kürzlich die Kamagra-Welle bis zu uns nach Europa geschwappt. Zwar fällt die darin enthaltene Substanz unter das Arzneimittelgesetz und darf damit nicht frei gehandelt werden. Aber das hindert die Kunden nicht daran, sie sich aus allen möglichen Quellen zu beschaffen und auch bei uns im Club ständig nachzufragen, ob wir nicht irgendwo einen Vorrat des begehrten Medikaments versteckt hätten. Das Mittel wirkt angeblich wie eine Art Super-Viagra und wird pro Stück um etwa zwanzig Euro verkauft, obwohl es in Thailand selbst für ein Zwanzigstel dieses Preises in jeder Apotheke zu haben ist.

Abgesehen von der unterschiedlichen Potenz haben Männer aller Altersgruppen als Freier einiges gemeinsam. Zum Beispiel die Vorliebe für Schulmädchen-Verkleidungen. Häufig wird gemutmaßt, dass es eher ältere Männer sind, die von dieser Fantasie geplagt werden, aber ich schwöre: Das zieht bei Jung und Alt. Bei Themenabenden oder einem Faschingsfest ergreifen einige Mädchen daher immer wieder gern die Gelegenheit, sich in das Kostüm mit kariertem Rock, weißer Bluse und weißen Kniestrümpfen zu werfen und sich die unvermeidlichen Pippi-Langstrumpf-Zöpfe zu flechten. Diese Verkleidungen werden mir übrigens von Sexshops regelmäßig im Paket angeboten, die Zöpfe zum Anstecken werden gleich mitgeliefert. Sobald die übrigen Mädchen mitbekommen, wie viel mehr Geschäft die Schulmädchen unter ihnen machen, putzen sich alle nach diesem Muster heraus. Und damit meine ich wirklich alle, also auch die, zu denen dieser Stil von Figur, Aussehen und Alter her wirklich überhaupt nicht passt. Das führt dann zu Pippi-Langstrumpf-Ausgaben, die eher einen gruseligen als einen erotischen Eindruck hinterlassen.

Die Gruppendynamik unter den Mädchen ist in Sachen Mode und Eigenmarketing überhaupt etwas skurril. Zum Beispiel rasieren alle Mädchen ihre Muschi glatt, was auch durchaus einem seit Langem anhaltenden Trend entspricht. Wenn sich eine die Haare stehen lassen würde, könnte sie wahrscheinlich tolle Geschäfte machen, bloß kommt auf so etwas kein Mädchen von selbst. Als einmal ein Mädchen über schlechten Geschäftsgang klagte, wollte ich ihr schon diesen Tipp geben. Dann ließ ich es aber lieber bleiben. Aus einem einfachen Grund: Wenn die anderen sehen würden, dass die mit den Haaren viel mehr verdient, würden ein paar Tage später alle mit Haaren dastehen. Die Mädchen agieren im Club zwar als Kleinunternehmerinnen, mit Themen wie Marktnischen können sie aber trotzdem nichts anfangen. Vielleicht sollte die Wirtschaftskammer einen Spezialkurs für Prostituierte anbieten.

So wie Angehörige aller Altersklassen Kunden des Saunaclubs sind, kommen auch Vertreter fast aller sozialen Schichten. Ihre Herkunft ist dabei keineswegs Maßstab für das Verhalten der Kunden im Club und anzusehen ist sie ihnen auch nicht: In Bademantel und -schuhen fällt das Statussymbol Kleidung weg und auch das Auto bleibt draußen vor der Tür.

Wie im Casino sind die Kunden, die an einem Abend am meisten ausgeben, nicht unbedingt immer dieselben, die sich das auch wirklich leisten können. Was sich aber nach jahrelanger Erfahrung feststellen lässt: Je »mächtiger« die Kunden im realen Leben sind, je mehr Verantwortung und Prestige ihnen also im Beruf zufällt, umso häufiger wird der Wunsch nach sadomasochistischen Szenarien geäußert, bei denen der Kunde die Rolle des Untergebenen einnimmt. Das Klischee vom skrupellosen Topmanager, der sich abends auspeitschen lässt, enthält also mehr als nur ein Körnchen Wahrheit. Ich beschreibe hier nur meine eigene Theorie, die allerdings valide sein dürfte, weil ich sie an einer ausreichend großen Personengruppe überprüft habe. Über die Gründe hingegen kann ich nur spekulieren: Anscheinend besteht bei Männern, die den ganzen Tag entscheiden und befehlen, ein großes Bedürfnis danach, beim Sex den Spieß umdrehen zu können.

Das Goldentime ist allerdings nicht auf Spezialwünsche dieser Art ausgerichtet. Wir haben einen einzigen Raum, der für diese Spiele reserviert und nicht überaus üppig ausgestattet ist. Zwar würde sich mit diesem Segment viel Geschäft machen lassen, aber erstens brauchen Mädchen, die härtere Praktiken diese Art mitmachen sollen, eine spezielle Ausbildung. Und zweitens, was das Entscheidende ist: Die Stimmung eines Folterkellers passt einfach nicht zum Wellnessgefühl, mit dem ein Saunaclub punkten kann. Würde das SM-Segment überhandnehmen, würde das Kunden verschrecken, die Entspannung suchen.

Auch bei anderen ausgefallenen Kundenwünschen bieten wir nur das Nötigste an. Für »Kaviar« und »Natursekt« beispielsweise – beides wird oft verlangt – würden wir eine Gummimatratze brauchen. Das ist aber einfach nicht der Stil, der zu unserem Haus passt. Immerhin kann sich ein Kunde im Whirlpool von seinem Mädchen anpinkeln lassen. Sie steht dann über ihm, während er im Wasser sitzt, und pinkelt ihm auf den Kopf. Der Whirlpool wird nach jeder Nutzung gründlich gereinigt.

Bezüglich anderer Sonderwünsche, die von Kunden geäußert werden, lässt sich sagen: Es gibt nichts, das es nicht gibt. Einerseits wollen die Männer mit Dildos behandelt, ausgepeitscht und beleidigt werden, andererseits gibt es einen Trend zum Wunsch nach sanfter Berührung und Zärtlichkeit. Wobei das Küssen einer Prostituierten erstaunlicherweise auch heute noch ein Tabu ist und die Verweigerung dieser Praktik gewissermaßen eine Standesregel, an die sich fast alle Mädchen halten.

Die Wünsche der Kunden werden immer ausgefallener, und ich als Betreiber muss mir jedes Mal überlegen, ob ich bei einem Trend mitziehe, was davon zu uns passt oder zumindest irgendwie noch integrierbar ist, und was mir als zu speziell und abgefahren für das Image des Saunaclubs erscheint. Es hat unter anderem schon mehrere Anfragen we-

gen der Veranstaltung eines sodomitischen Events in unseren Räumlichkeiten gegeben, und zwar von ganz seriös wirkenden Kunden. Dass der Ziegen- und Kuh-Gangbang – für den sich garantiert genug zahlendes Publikum fände – nicht nur nicht zu unserem Image passt, sondern dazu auch noch illegal wäre, haben Sie sich wahrscheinlich schon selber gedacht.

Aber mit einem Transvestiten haben wir es schließlich eben doch probiert. Da bin ich Ihnen noch den Bericht über den Verlauf der großen Party schuldig. Eigentlich war die ganze Sache eine ziemlich lustige Erfahrung. Bei der Gogo-Show, im Zuge derer unser Ladyboy sich dem Publikum präsentierte, merkte ein Großteil der an diesem Abend im Goldentime anwesenden Kunden zunächst einmal gar nicht, dass es sich bei ihm um keine normale Tänzerin, sondern um einen Mann handelte. Als einige Wind davon bekommen hatten, sprach sich das Geheimnis allerdings wie ein Lauffeuer herum. Überall tuschelnde, neugierige Männer in weißen Bademänteln und ein bildhübscher Transvestit in ihrer Mitte. Danach konnte ich ein köstliches Schauspiel beobachten: Immer wieder näherten sich Männer, um mit ihm Kontakt aufzunehmen, zogen sich aber nach ein paar Worten ebenso schnell wieder zurück. Den ganzen Abend lang war der Ladyboy heimliches Zentrum der Begierde, aber: Kein einziger Kunde wagte es, mit ihm in ein Zimmer zu gehen. Die Angst, sich vor den anderen Kunden zu blamieren und als Schwuler dazustehen, war einfach zu groß. Zugleich war der Schwanz-Kick aber machtvoll genug, die Kunden immer wieder in seine Richtung zu treiben. Ein so hübsches

Mädchen mit einem Glied, das sich ganz normal versteifen konnte, hatten sie eben noch nie gesehen. Außerdem verbreitete sich schnell die Kunde, Ladyboys seien die besseren Bläser, weil sie durch die Erfahrung mit ihrem eigenen Penis in dieser Hinsicht jedem noch so talentierten Mädchen überlegen seien.

Mehrere Gäste suchten mich in meinem Büro auf und fragten, ob es nicht einen diskreten Weg gäbe, sich mit unserem Neuzugang in einem der Zimmer zu verabreden. Da es den Kunden in Saunaclubs aber zur Vermeidung von unerwünschtem Voyeurismus untersagt ist, die Zimmer ohne Mädchen aufzusuchen, und ich diese Regel nicht brechen wollte, fiel diese Möglichkeit zum geheimen Stelldichein aus. Der Andrang an Kunden, die alle das seltene Wesen bestaunen wollten, blieb in den folgenden Tagen erstaunlich hoch. Nur machte der Arme noch immer nicht das geringste Geschäft. Schließlich wandte er sich mit der Bitte an mich, ein eigenes Zimmer mit Namensschild für ihn einzurichten, in dem er seine Kunden erwarten könnte. Aber letzten Endes war mir die Erhaltung des Prinzips Saunaclub wichtiger, als das Zusatzgeschäft, das ich durch eine solche Einrichtung sicherlich gemacht hätte. Der Ladyboy ist also bis auf Weiteres nur eine kurze Episode im Goldentime geblieben.

Das ändert nichts daran, dass dieses Segment der Prostitution in Europa derzeit am intensivsten wächst. Im letzten Jahr hat sich das Angebot von hochwertigen Transvestiten in unseren Breiten mindestens verdoppelt.

Eine andere spezielle Geschichte, die bei uns von Zeit zu Zeit stattfindet, sind die sogenannten Gangbangs. Fragen

Sie mich bitte nicht, was für die Kunden der Reiz daran ist, ich weiß es wirklich nicht. Vielleicht haben sie Ähnliches in Filmen gesehen und wollen es jetzt selbst ausprobieren. Bei so einem Event wird vor Publikum gevögelt, wobei eine ganze Horde von Männern über eine einzige Frau herfällt. Sie würden nicht glauben, wie begeistert die Kunden davon sind. Jeder will noch seinen Schwanz dazuhalten, und das Haus ist immer knallvoll, wenn so eine Party steigt.

Organisiert wird das Ganze von einer eigens darauf spezialisierten Erotik-Firma, die auch die Mädchen mitbringt und das Ganze filmt, um es später online zu stellen, wo es gegen Bezahlung abrufbar ist. Wir stellen nur die Räumlichkeiten zur Verfügung und die Männer zahlen den normalen Eintrittspreis. Überraschend ist für mich dabei vor allem, dass die Frauen, die sich darauf spezialisiert haben, solche Abende durchaus locker wegstecken und danach guter Dinge sind. Sie bekommen meinen Informationen nach nur etwa dreihundert bis vierhundert Euro pro Gangbang und müssen dafür immerhin ein paar Stunden durchhalten.

Angenehmer ist da schon der Job der sogenannten Vorbläserin, die den Männern zur Verfügung steht, bevor sie zur Hauptfrau vorstoßen. Schon mehrmals haben sich Frauen bei mir im Büro gemeldet, die an einem Job als Gangbang-Mädchen interessiert waren. Ich habe sie daraufhin an den Eventveranstalter verwiesen. Anscheinend gibt es auch Frauen, für die ein solcher Massenauflauf die Befriedigung sexueller Fantasien bedeutet, anders kann ich mir das angesichts der geringen Bezahlung kaum erklären. Die Mädchen, die bei mir im Club ihren vergleichsweise herkömmlichen Geschäften nachgehen, würden das jedenfalls auch um deutlich mehr Geld nicht machen.

Wenn ich einen speziellen Kundenwunsch abturnend und widerwärtig finde, sage ich das den Kunden, die damit bei mir vorstellig werden, auch, zumindest wenn es Stammkunden sind. Zum Beispiel wenn es um den relativ weitverbreiteten Wunsch geht, mit einer schwangeren Prostituierten vögeln zu können, wofür einige Männer horrende Summen bezahlen würden. Damit sind keine Frühschwangeren gemeint, sondern werdende Mütter vom fünften bis sechsten Monat an aufwärts. Ich bin nicht bereit, diesem Wunsch nachzukommen, auch wenn natürlich auch Prostituierte gelegentlich schwanger werden und unter Umständen diese Fantasie gegen entsprechend viel Geld Wirklichkeit werden lassen würden. Sie werden vielleicht sagen, dass ich die Grenzen willkürlich ziehe, aber hier würde für mich eine überschritten, die ich nicht überschreiten will. Deshalb bleibe ich auf diesem Ohr taub, auch wenn mir Interessenten noch so ausführlich schildern, wie herrlich sich die Brustwarzen einer Schwangeren verändern und was es noch für äußerliche Vorzüge gibt, die ein Mädchen nur in diesem Zustand aufweist.

Ein ähnliches Thema ist für mich der Wunsch nach einer Jungfrau. Dabei kommt erschwerend hinzu, dass dieses ebenfalls häufig geäußerte Verlangen auf legalem Weg vermutlich kaum zu befriedigen wäre. Ich arbeite jetzt schon einige Jahre in dieser Branche, aber vielleicht können ja Sie mir Folgendes erklären: Was glauben diese Männer, wo ich ein über achtzehnjähriges Mädchen auftreiben soll, das noch keinen Geschlechtsverkehr hatte, aber liebend gerne als Prostituierte in einem Saunaclub arbeiten möchte? Allerdings muss ich zugeben, dass sich Angebote minderjähriger Mädchen in letzter Zeit häufen. Früher einmal war das im Milieu ein beliebtes Mittel, einen Konkurrenten auszuschalten: Man schickte ihm via Agentur ein bildhübsches siebzehnjähriges Mädchen mit gefälschtem Ausweis und gab, wenn er angebissen hatte, der Polizei einen diskreten Hinweis.

Heutzutage kommen diese Mädchen tatsächlich entweder selbständig in die Clubs, um sich zu bewerben, oder sie werden von ihren Müttern begleitet und angepriesen. Die Mütter deklarieren sich nicht immer gleich als solche, aber meistens führt mich allein die optische Ähnlichkeit auf die richtige Fährte. Wenn ich es ihnen dann im Gespräch auf den Kopf zusage – »Das ist doch Ihre Tochter!« –, geben sie es auch meistens zu.

Besonders in den ländlichen Regionen Südosteuropas, etwa in Rumänien und Bulgarien, drängen die Eltern ihre blutjungen Töchter in die Prostitution, um das finanzielle Überleben der Familie sicherzustellen. Seit es das Internet auch in diesen Regionen gibt, vergleichen sie die verschiedenen Angebote und Verdienstmöglichkeiten zu Hause und schicken ihre Töchter dann bevorzugt nach Österreich oder Deutschland, wo die rechtliche Absicherung gut ist und das Einkommen hoch.

Jüngst war wieder so ein Mutter/Tochter-Paar bei mir, wobei nur die Mutter mit mir redete, auf Englisch, und mir gleich zu Beginn des Gesprächs einen Ausweis unter die Nase hielt, laut dem ihre Tochter gerade achtzehn geworden war.

In Deutschland habe ich sogar schon Bordelle besucht, in denen Mutter und Tochter gemeinsam für einen Dreier gebucht werden können. Ich gehe davon aus, dass das immer nur Fake war, aber man weiß ja nie.

Die beiden, die da in meinem Büro saßen, hätten sich durchaus dafür geeignet. Beide hatten pechschwarzes Haar, das junge Mädchen war überstark geschminkt und trug einen knappen Minirock. Sie hatte schon Busen, aber fast noch ein Kindergesicht. Ihre Mutter sah aus wie das gereifte Ebenbild der Tochter. Ich schoss ins Blaue und gab der Mutter den Ausweis unbesehen mit der Bemerkung zurück, dass er gefälscht sei. Sie stockte und meinte dann, das möge schon sein, sei aber doch nicht mein Problem. Ich lachte. Natürlich war das mein Problem. Oder es hätte zumindest meins werden können. Knapp klärte ich die Dame über die Rechtslage auf, dann bat ich die beiden zu gehen. Das Mädchen schien irgendwie erleichtert darüber zu sein, dass es nicht geklappt hatte, aber wahrscheinlich war das nicht der letzte Versuch, den ihre Mutter unternahm.

Die geschilderten Trends lassen sich alle unter dem Schlagwort »Enthemmung« zusammenfassen. Ich will hier nicht darüber spekulieren, was die gesellschaftlichen Gründe dafür sind, aber eines ist eindeutig: Die Enthemmung hat längst auch auf den weiblichen Teil der Menschheit übergegriffen. Früher waren diverse Grenzen einfach dadurch in Stein gemeißelt, dass es unmöglich war oder zumindest ein Vermögen gekostet hätte, eine Frau dazu zu bringen, diese oder jene perverse Praktik mitzumachen. Heute scheint die Schwelle zur Prostitution besonders für junge Frauen so niedrig wie noch nie zu sein. In dem Maße, in dem sich das weibliche Sexualverhalten in seiner Ausrichtung auf rasche, harte Befriedigung dem männlichen anzugleichen beginnt, fallen alle Schranken. Am Straßenstrich der Großstädte können Sie heutzutage für jede erdenkliche Schweinerei Studentinnen kaufen, die sich damit schnell und praktisch ihr Studium finanzieren. Und die diversen Society-Sternchen sind auch nichts anderes als etwas besser bezahlte Prostituierte. Im Gespräch mit mir geben Partyluder und andere Damen auf Reiche-Männer-Fang das auch meist ganz offen zu. Früher hat mich das gewundert, inzwischen weiß ich: Sie spüren instinktiv, dass ich vom Fach bin. Wir vertreten die gleiche Branche, die des käuflichen Sex – zahlbar cash im Puff oder durch teure Geschenke und monatliche Apanagen an die Lebensgefährtin oder Ehefrau.

Ausgehen werden der Branche die Kunden nie. Männer, die für Sex zahlen, wird es immer geben, allerdings wird sich mit ihren sich ändernden Interessen und Konsumgepflogenheiten auch die Struktur meiner Branche in den kommenden Jahren wandeln müssen. Die Bordelle werden weniger werden. Und zwar deshalb, weil sich die Swinger-Bewegung allem Anschein nach in einem unaufhaltsamen Aufschwung befindet. Ehemänner, deren Frauen kein Problem mehr mit offener, regelmäßiger Promiskuität und jeglicher Art sexueller Experimente haben, brauchen keine Bordelle. Insofern muss ich froh sein, wenn ich noch einige Zeit lang gut verdienen kann. In nicht allzu ferner Zukunft werden sich die Männer die Vorzüge eines Bordells vielleicht schon mehrheitlich ins Ehebett geholt haben.

FREUNDE UND HELFER

Meine Grundregel für den Umgang mit der Polizei lautet: Ich muss mit ihr so wie mit einem Konkurrenten umgehen. Natürlich nicht wie mit einem Neuling, den ich zu eliminieren trachte, sondern wie mit einem mächtigen Mitbewerber, mit dem das Arrangement zählt und den man leben lässt, um selbst leben zu können. Wer ungestört einen Saunaclub führen und damit Geld verdienen will, kann nichts Dümmeres tun, als die Polizei gegen sich aufzubringen.

Es funktioniert ein bisschen wie in der Schule: Wer am Anfang negativ auffällt, hinter dem sind die Lehrer auch für den Rest der Schulzeit her, egal, wie brav er später einmal wird. »Wer einmal lügt, dem glaubt man nicht ...« und so weiter. Wer hingegen gleich zu Beginn signalisiert, dass er gewillt ist, nach den Regeln zu spielen, der hinterlässt einen so guten ersten Eindruck, dass ihm später nicht mehr ständig auf die Finger geschaut wird.

Die Polizei hält mit unregelmäßiger Regelmäßigkeit Razzien in den Bordellen ab. Es gibt dabei hauptsächlich zwei Aspekte, die das amtlich geschulte Auge interessieren: Wie hält es der Betreiber mit seinen Mädchen und wie hält er es mit Drogen. Wer in diesen beiden Bereichen sauber ist, wird in der Regel keine gröberen Schwierigkeiten bekommen. Als ich das Goldentime übernommen habe, war es noch so ausgestattet, wie mein mittlerweile verstorbener Vorgänger es hinterlassen hatte: Ein großes, gusseisernes Gitter schützte den Eingang des Clubs. Und in meinem Büro gab es einen sogenannten Alarmknopf. Als die Polizei zu ihrer ersten Razzia nach meiner Neuübernahme des Clubs ausrückte, waren die Beamten über zwei Dinge ziemlich erstaunt: Erstens gab es kein Eisengitter mehr, das sie am Eintritt hinderte. Zweitens war der Club immer noch voll mit Mädchen aus der ganzen Welt, als die Razzia schon im Gange war.

Die Polizisten erscheinen zu solchen Anlässen in zivil, aber trotzdem braucht es nicht viel Erfahrung, um zu erkennen, was los ist. Einer der Herren kam also zu mir, wies sich als Beamter der Abteilung Sitte aus und fragte etwas irritiert: »Funktioniert euer Alarmknopf nicht?«

In keinem größeren Club gibt es ausschließlich illegale Mädchen, aber ein paar sind meistens dabei. Illegal ist ein Mädchen ohne Grünen Pass. Wenn in einem Club mit illegalen Prostituierten die Polizei zur Razzia anrückt, wird es für den Betreiber und auch für die Mädchen gefährlich. Der Betreiber kann seine Konzession verlieren, falls er noch eine hat, und empfindliche Strafen ausfassen, vor allem wenn er auch noch der Zuhälterei überführt wird. Und die Mädchen sind von Gefängnis und Abschiebung bedroht, je nachdem, woher sie kommen.

Deshalb braucht so ein Betreiber ein Eisengitter und einen Alarmknopf. Sobald die Überwachungskamera oder der Türsteher melden, dass die Polizei im Anmarsch ist, muss alles sehr schnell gehen. Mittels des Knopfes wird ein akustischer Alarm ausgelöst – für die illegalen Mädchen das Signal, sofort ihr Versteck aufzusuchen. Unterdessen garantiert das Eisengitter, dass die Polizei schön brav bis hundert zählen muss, bevor sie mit der Suche beginnen kann. Sind die Beamten dann endlich im Club, finden sie nur mehr eine handvoll – selbstverständlich legaler – Prostituierter vor.

Das überrascht die Kollegen natürlich wenig und sie beginnen mit einer üblicherweise mehrstündigen Prozedur, im Zuge derer sie unter anderem versuchen, das Versteck der illegalen Mädchen aufzustöbern. Das gelingt ihnen sehr selten. Deshalb hat sich die Polizei im Fall des Goldentime in der Ära meines Vorgängers einmal als ungeduldig erwiesen und das schöne Eisengitter mit einem Rammbock platt gemacht. Ob die Mädchen damals trotzdem schnell genug in ihren Verstecken waren, weiß ich nicht – es war wie gesagt vor meiner Zeit.

Sie fragen sich aber vielleicht, wo sich diese Verstecke befinden, die für die Polizei so schwer zu finden sind. Die Antwort klingt wieder einmal wie aus einem – in diesem Fall komischen – Film, ist aber wahr: Der Heizraum ist eines der bevorzugten Verstecke. Heizräume, vor allem solche von großen Saunaclubs, sind meistens dunkel, verwinkelt und sehr warm. Das ist nicht besonders angenehm für die Mädchen, die zumeist im Stehen und bei völliger Dunkelheit in einer geheimen Ecke bis zum Ende der mehrstündigen Razzia ausharren müssen. Aber es ist eben auch für die Polizisten ungemütlich. Die sind im Gegensatz zu den Mädchen nicht fast nackt und büßen deshalb ihre Sünden ab, wenn sie zur Durchsuchung des Heizraumes abkommandiert werden. Versteckte, in den Boden eingelassene Türen sind auch ein heißer Tipp.

Überrascht waren die Beamten anlässlich ihrer ersten Razzia bei mir im Goldentime auch, als ich ihnen eine umfassende Mängelliste vorlegte. Sie müssen wissen: Egal, wie sauber ein Bordell geführt ist, es kann nie alles bis ins letzte Detail korrekt sein. Ich glaube, dass es bei Gastronomiebetrieben genauso ist. Statt diese kleineren Unregelmäßigkeiten zu verstecken, lege ich sie offen auf den Tisch und sage dazu, bis wann ich sie beheben kann. Die Polizei macht dann normalerweise keine Schwierigkeiten. Es geht in solchen Fällen zum Beispiel um schon beantragte, aber noch nicht ausgestellte Gesundheitspässe und ähnliche Kleinigkeiten.

Die von mir eingeführte Praxis der Mängellisten hat sich bewährt. Bei den ersten zwei oder drei Razzien haben die Beamten noch akribisch jeden einzelnen Punkt der Liste kontrolliert. Das dauerte mehrere Stunden und war für alle Beteiligten anstrengend. Als sie gemerkt haben, dass die freiwillig angebotenen Informationen jedes Mal korrekt waren, kontrollierten sie nur noch stichprobenartig.

Razzien bleiben allerdings auch dann, wenn mir nichts angekreidet wird, furchtbar schlecht fürs Geschäft. Vor allem, wenn die Polizei darauf besteht, die Personalien der Kunden aufzunehmen, die sich gerade im Club befinden. Zwar weiß ich, dass es sich dabei nur um eine Formsache handelt und den Betroffenen überhaupt keine Gefahr droht – auch dann nicht, wenn mit dem Club irgendetwas rechtlich nicht in Ordnung sein sollte –, aber die Kunden selbst wissen das natürlich nicht. Und wenn ich es ihnen sage, dann glauben sie es nicht, weil sie denken, dass ich sie aus geschäftlichen Interessen beruhigen will. Jeder Kunde, der

Michaela

seinen Bordellbesuch lieber geheim halten will – und das sind die meisten –, bleibt dem Club nach einer Razzia zur Sicherheit für ein paar Wochen oder Monate fern. Oder er kommt überhaupt nie mehr. Wenn Sie noch die negative Mundpropaganda dazurechnen, die sich aus so einem Vorfall ergibt, können Sie sich ungefähr vorstellen, wie viel Geld mich so etwas kostet.

Am schlimmsten habe ich eine winterliche Razzia von vor einigen Jahren in Erinnerung. Da die Kunden im Goldentime Bademäntel tragen, haben sie in der Regel ihre Ausweise nicht dabei. Zwar gibt es bei uns Schließfächer, in denen die Kunden ihre Wertsachen für die Dauer ihres Besuches verwahren können, aber viele Kunden lassen ihren Ausweis gleich bei den Papieren im Auto, das draußen auf dem Parkplatz steht. Als die Polizisten an diesem Abend unvermutet hereinschneiten und darauf bestanden, mehrere Stunden lang sämtliche Personalien aufzunehmen, geleiteten sie die Kunden in ihren Bademänteln hinaus auf den Parkplatz. Stellen Sie sich das bitte bildlich vor: Bei starkem Schneefall und Minusgraden standen die Herren in Badeschuhen im Freien und suchten mit klammen Fingern nach ihrem Führerschein. Solche Erlebnisse sind nicht dazu angetan, die Lust der Kunden auf ihren nächsten Besuch in meinem Club zu steigern. Besonders Kunden aus höheren gesellschaftlichen Schichten, von denen es nicht wenige gibt, vergessen so eine Erniedrigung nie.

Am Ende einer Razzia hängt dann im Prinzip alles davon ab, wie es in dem Betrieb um die zwei großen Themen bestellt ist, die ich eingangs schon erwähnt habe:

1. Sorgt der Betreiber für legale Bedingungen, was die Arbeit der Prostituierten in seinem Club betrifft?

2. Hält er seinen Club frei von Drogen?

Ich wiederhole das noch einmal, weil ich nach ein paar Jahren Erfahrung sagen kann, dass wirklich nur diese zwei Bereiche heikel sind. In deutschen Großstädten spielt auch der Finanzer eine große Rolle. Der ist zwar in Österreich bei Razzien auch immer zugegen, aber hier stehen der Beamte von der Sitte und der von der Drogenfahndung im Mittelpunkt.

Der Auftritt der Finanzer in Deutschland ist eigentlich eine peinliche Angelegenheit. In einigen deutschen Großstädten hat die Polizei den Krieg gegen das organisierte Verbrechen längst verloren, auch wenn sie vielleicht noch die eine oder andere Schlacht gewinnt. In Hamburg etwa gibt es Viertel, da traut sich die Exekutive nur noch mit Erlaubnis der herrschenden Mafiabanden aufzukreuzen. Aber wenigstens mitschneiden will der deutsche Staat über seine Steuergesetzgebung an der ganzen Sache noch. Wenn Sie mich fragen, ist das eine etwas unappetitliche Politik.

Es ist nämlich so: Wenn es in einem deutschen Großclub eine Razzia gibt und es ist irgendetwas mit der Steuer faul, gibt es sofort eine Anzeige. Stimmt etwas mit dem Gesundheitsbuch nicht, gibt es bestenfalls eine Verwarnung. In Österreich liegt der Fall genau umgekehrt. Der österreichische Staat und seine Exekutive haben die Gewichte damit wesentlich humaner verteilt als die deutschen Nachbarn.

In Österreich konnte die Polizei auch verhindern, dass ausländische Syndikate die Kontrolle über Teile des Rotlichtmilieus übernehmen. Ich sage das nicht aus Ausländerfeindlichkeit, sondern weil die Mafia vor allem im Osten Europas nach ganz anderen und wesentlich brutaleren Regeln spielt als selbst die härtesten Burschen in Österreich. Mord ist dort nicht die Ausnahme, sondern die Regel. Die Polizei hat unter diesen Bedingungen keine Chance, ihr Gewaltmonopol auch nur annähernd aufrechtzuerhalten. Wer solche Zustände in Österreich verhindern will, muss dafür sorgen, dass diese Banden draußen bleiben.

Diesen Erfolg erzielte die Polizei freilich mit seltsamen Methoden, auf die 2006 im Zuge der »Sauna-Affäre« rund um das Goldentime meines Vorgängers ein Schlaglicht fiel. Einige Herren von der Polizei haben dabei selbst schlechte Erfahrungen mit privaten Aufenthalten in einem Saunaclub zur falschen Zeit gemacht. Zwei Wiener Spitzenbeamte standen plötzlich unter Verdacht, jeweils ein Bordell unter ihre Fittiche genommen zu haben und ihre Macht zu missbrauchen, um diese Bordelle vor Razzien und Ermittlungen in Schutz zu nehmen. Noch dazu entwickelte sich zwischen den beiden Herren ein Konkurrenzkampf, im Zuge dessen sie sich wechselseitig auflaufen ließen und die Verbindungen des jeweils anderen aufdeckten, während sie sich selbst als Opfer eines Komplotts präsentierten. Einer dieser Herren ist inzwischen Geschichte, der andere einigermaßen rehabilitiert, und wer in dieser Sache tatsächlich wie viel juristische und moralische Schuld trägt, möchte ich nicht beurteilen. Tatsache ist, dass sich mein Vorgänger als Betreiber des Goldentime aus dem Geschäft verabschieden musste und wenig später einem Herzinfarkt erlag, ehe er in einem der

Prozesse, die auf Grund der Affäre angestrengt wurden, als Zeuge aussagen konnte. Dieser plötzliche Herztod rief natürlich diverse Verschwörungstheoretiker auf den Plan, die unter anderem das Gerücht in die Welt setzten, der ehemalige Chef des Goldentime sei durch eine Vergiftung mit brasilianischem Schlangengift ums Leben gekommen. Dieses Gift hat angeblich die Eigenschaft, erst eine Woche nach seiner Aufnahme in den menschlichen Körper wirksam zu werden und dann einen Tod zu verursachen, der von einem natürlichen Herzinfarkt nicht zu unterscheiden ist.

So »charmant« das klingt: Ich glaube nicht daran. Weder gab es einen ausreichenden Grund, meinen Vorgänger auf diese aufwendige Art zu beseitigen, noch haben sich Hinweise gefunden, die über Hirngespinste hinausgehen. Und Hinweise finden sich, wenn so etwas tatsächlich geschieht, immer. Ich glaube auch, dass viel interessanter als all diese sensationsträchtigen Meldungen die grundsätzliche Frage nach dem Verhältnis zwischen Polizei und Milieu ist. Denn dass es in jedem Bereich – und daher naturgemäß auch bei der Polizei – Idioten gibt, die nicht in der Lage sind, sich an die Regeln zu halten, ist eine altbekannte Tatsache. Solche Leute richten eine Zeit lang einen gewissen Schaden an, aber irgendwann fliegen sie auf, weil sie sich für unverwundbar halten. Dann sind sie sehr schnell weg vom Fenster.

Es bleibt aber die Frage, ob es sich die Polizei als Organisation erlauben darf, engere Kontakte zu Leuten aus dem Milieu zu unterhalten, oder ob das mit ihrer Rolle als Kontrollinstanz und natürlichem Antagonisten der Unterwelt unvereinbar ist. In der Theorie wäre es ideal, wenn sich die

Polizei in die Machtkämpfe des Milieus überhaupt nicht verstricken und alle mit dem gleichen Maß messen würde, wie das Gesetz es vorsieht. Praktisch würde das aber bedeuten, dass die Beamten unter Umständen dabei zuschauen müssten, wie die Kontrolle nach und nach von Banden übernommen wird, die zu einer echten Bedrohung für die Sicherheit und das staatliche Gewaltmonopol werden könnten. Um das zu verhindern, ist die Polizei dazu gezwungen, auch »milieupolitisch« und taktisch zu handeln, die besser kontrollierbaren Kräfte leben zu lassen und die gefährlicheren schon dann zu bekämpfen, wenn eigentlich noch nicht genug gegen sie vorliegt.

Auf diese Weise ist es dem österreichischen Polizeiapparat bis jetzt gelungen, eine Situation wie in Deutschland zu verhindern. Wenn die österreichische Polizei auch weit davon entfernt ist, alle Formen illegaler Prostitution unterbinden zu können, so gelingt es ihr doch zumindest, den Überblick über die Gesamtsituation zu behalten und dort Handlungsspielraum zu haben, wo die Dinge aus dem Ruder zu laufen drohen. Sie werden vielleicht finden, dass das nicht genug ist, aber es ist sehr viel mehr, als in den meisten anderen Staaten der Welt derzeit möglich ist.

Nicht alle Leute im Polizeiapparat sind den enorm wichtigen informellen Kontakten zwischen der Exekutive und dem Milieu gewachsen. Diejenigen, die nicht Maß halten können, werden dadurch leicht in einen Cäsarenwahn getrieben und verleitet, sich persönliche Vorteile zu verschaffen. Sie verlieren das Gespür dafür, was geht und was nicht. Auch das ändert nichts daran, dass die Polizei, um die Interessen des Staates durchsetzen zu können, immer ein bisschen mehr mit dem Milieu zu tun haben wird müssen, als es die Öffentlichkeit vielleicht gutheißt.

Ich verhalte mich auch persönlich der Polizei gegenüber kooperativ. Auch im Ausland. Vor Kurzem fuhr ich im Auto zu einem geschäftlichen Termin in München. Als ich die deutsche Grenze passierte, heftete sich ein Rudel deutscher Polizeiautos an mein Heck. Ein paar davon überholten mich und bremsten mich herunter, die anderen blieben neben und hinter meinem silbergrauen S-Klasse-Mercedes. »Als wär ich ein Terrorist«, dachte ich, als ich rechts ranfuhr. Eigentlich hätte ich das Ganze lustig gefunden, wenn ich nicht befürchten hätte müssen, dass mir einer von denen im Übereifer auch noch einen Reifen zerschießt. Das geschah zwar nicht, aber ich wurde im Konvoi zu einer Münchner Polizeistation geleitet. Dort landete ich in einer Zelle und erfuhr, dass mein Auto komplett zerlegt werden würde. Spätestens in diesem Moment fand ich die Sache überhaupt nicht mehr lustig. Ich versuchte, mit einem der Beamten ins Gespräch zu kommen, und bot meine Hilfe an, wenn man mir mitteilen würde, wonach eigentlich gesucht wurde. Das aber war Amtsgeheimnis und für mich nicht herauszubekommen. Als die Auto-Razzia nach einigen Stunden zu Ende war und offenbar zu keinem befriedigenden Ergebnis für die Beamten geführt hatte, ließ sich ein älterer von ihnen, ein recht sympathischer Bayer mit Schnauzbart, doch zu ein paar Worten hinreißen: »Das Falschgeld suchen wir bei Ihnen.«

Was für Falschgeld? Ich hatte noch nie irgendetwas mit Blüten zu tun gehabt und konnte mir nicht erklären, wie die

Polizei auf mich als Verdächtigen gekommen war. Erst im Zuge des folgenden Verhörs setzte sich ein Bild zusammen, das nach und nach Sinn ergab. Denn dabei wurde ich nachdrücklich nach meinen Telefongesprächen mit einem gewissen Herrn aus der Unterwelt befragt. Der Typ, der mich nur angerufen hatte, weil er unbedingt eine Eintrittsermäßigung für sich herausschlagen wollte, hatte seine Finger bei illegalem Waffenhandel und auch bei der Herstellung von Falschgeld im Spiel. Tatsächlich hatte ich schon gewusst, dass er eine Figur aus den düsteren Ecken der Unterwelt war, als wir telefonierten. Nur konnte ich nicht ahnen, dass die Polizei, als sie die Liste seiner Telefonate durchging und mich darauf fand, gleich annehmen würde, ich wäre sein Schmuggler, der das Falschgeld für ihn im Privatauto nach Deutschland bringen sollte.

Im Verlauf des Verhörs verstanden die Beamten schließlich, dass sie einer falschen Fährte gefolgt waren. Sie gaben mir mein Auto zurück und ich ging meiner Wege. Spätestens seit damals weiß ich, dass ein Bordellbetreiber noch korrekter und vorsichtiger als jeder andere Bürger sein muss, wenn er unbehelligt leben will.

PARTNER

Das Modell Saunaclub ist noch nicht besonders alt. Vor etwa zehn Jahren kam in Deutschland die Idee auf, das Bordellgesetz zu umgehen und verdeckt ein bordellähnliches Lokal zu führen, ohne dabei in rechtliche Schwierigkeiten zu geraten. Die Frage war: Wie lassen sich die vielen kleinen Zimmer erklären, die für den Beischlaf benötigt werden? Antwort: Es handelt sich um die Ruheräume einer Sauna. Eine geniale Idee. Nur sind Ruheräume normalerweise nicht durch abschließbare Türen von den anderen Räumlichkeiten der Sauna getrennt. Also beschlossen die Pioniere des Saunaclubs, Vorhänge anstatt der Türen einzubauen, und schon war die Tarnung perfekt. Natürlich wusste die Polizei von Anfang an ganz genau, worum es sich bei diesen Prototypen der heutigen Clubs handelte. Aber als rechtliches Schlupfloch funktionierte die Sache trotzdem.

Wo es, wie im Falle des Goldentime, nicht mehr darum geht, die Sache geheim zu halten, könnte man die Vorhänge eigentlich wieder abmontieren und sie durch ganz normale Zimmertüren ersetzen. Ich habe schließlich eine Genehmigung dafür, das Goldentime als ein Haus zu führen, in dem Prostitution angebahnt und vollzogen wird. Wieso also weiterhin die Innenarchitektur beibehalten, die einst als Camouflage gedacht war? Tatsächlich habe ich für eine kurze Zeit mit dem Gedanken gespielt, das Goldentime bordellähnlicher zu machen. Zum Glück habe ich aber rechtzeitig verstanden, dass es gerade das besondere Flair des Saunaclubs ist, das unsere Kunden anzieht und an unser Haus bindet. Zu diesem Flair gehören solche kleinen Details wie die roten Vorhänge, hinter denen die Kunden sich mit den Mädchen vergnügen. Die Tatsache, dass die Séparées nicht absperrbar sind, dass jederzeit jemand hereinkommen könnte und dass die lauteren Geräusche bis nach draußen in den Aufenthaltsraum zu hören sind, geben dem Saunaclub das gewisse Etwas, das anderswo nicht zu haben ist.

Die Möglichkeit, »erwischt« zu werden, harmoniert psychologisch betrachtet mit der Atmosphäre des Flirts im Freizeitclub. Wer in einem Strandclub am Mittelmeer ein Bikinimädchen entführt und mit ihr in der nächsten Umkleidekabine verschwindet, dem kann es schließlich auch immer passieren, dass ein anderer Badegast den Vorhang beiseite schiebt.

Die gesetzliche Situation für Bordellbetreiber ist in Österreich in jedem Bundesland verschieden. In allen Bundesländern gibt es, in der einen oder anderen Form, ein sogenanntes Bordellgesetz. Dieses Gesetz legitimiert die Führung von Bordellen im Allgemeinen nicht, sondern es untersagt sie. Eigentlich müsste es also Anti-Bordellgesetz heißen. Damit fängt die Geschichte aber erst an. Vom Bordellgesetz kann es nämlich Ausnahmen geben. Diese Ausnahmen zu erlassen, obliegt üblicherweise den Bürgermeistern. Wenn Sie jetzt sagen, dass es irgendwie idiotisch ist, zuerst ein Gesetz zu erlassen, das Bordelle verbietet, dann aber die Möglichkeit zu schaffen, Ausnahmen davon zu machen, dann haben Sie unrecht. Aus Sicht des Gesetzgebers ist dieses Vorgehen sogar sehr sinnvoll. Wäre das Führen eines Bordells prinzipiell legal, könnte jeder, der das möchte, überall, wo er es möchte, ein entsprechendes Haus aufmachen. Für die Polizei und die Verwaltung wäre es damit sehr schwierig, Wege zu finden, die Eröffnung eines bestimmten neuen Hauses zu unterbinden oder ein bestehendes Haus schließen zu lassen, weil sich der Betreiber immer mit juristischen Mitteln dagegen zur Wehr setzen und die Sache zumindest in die Länge ziehen könnte. Dadurch würde es dem organisierten Verbrechen sehr viel leichter fallen, sich dauerhaft im Rotlichtmilieu einzunisten und Machtstrukturen aufzubauen, die für Polizei und Staat nicht mehr durchschaubar wären.

Eine zumeist befristet erlassene Ausnahme von einem grundsätzlichen Verbot ist hingegen sehr leicht wieder zurückzunehmen, ohne dass dagegen allzu wirksame juristische Mittel ergriffen werden können. Der Gesetzgeber verschafft sich mit dieser Methode also eine Art Hebel, den er ansetzen kann, um die Bordellbetreiber gewissermaßen an der kurzen Leine zu halten. Hardcore-Liberalisten werden hier vielleicht die Freiheit des Entrepreneurship gefährdet sehen, aber ich sage Ihnen etwas: Wenn ich der Gesetzgeber wäre, würde ich es genauso machen. Immerhin hat die Exekutive die Interessen der Republik zu wahren und die sind allemal höher zu bewerten als die geschäftliche Freiheit einzelner Unternehmer.

Wird es aber nicht für jeden Bürgermeister politisch von Nachteil sein, wenn er irgendwann plötzlich erklären muss, warum er einen Wisch unterschrieben hat, der ein Bordell in seiner Gemeinde genehmigt? Warum sollte also überhaupt irgendjemand eine solche Ausnahme erlassen? Die Antwort ist ganz einfach: Weil es auch in Österreich sehr arme Gemeinden gibt. Und an dieser Stelle kommt die Institution des sozialen Bußgeldes ins Spiel, die eine lange Tradition hat.

Beim sozialen Bußgeld handelte es sich früher einmal um eine Art Bestechungsgeld, aber inzwischen ist das Ganze in legale Bahnen gelenkt worden. Der zukünftige Bordellbetreiber leistet also ganz offiziell eine großzügige zweckgebundene »Spende« an die Gemeinde, die gerade dringend Geld, zum Beispiel für den Ausbau ihres Abwassersystems, benötigt. Im Gegenzug erlässt der Bürgermeister besagte Ausnahme vom Bordellgesetz, und dann lässt er sich dafür feiern, wie geschickt er Geld für die marode Gemeindekassa beschafft hat.

Schon vor Jahren bestanden in allen österreichischen Bundesländern mehrere so begründete Ausnahmen vom Bordellgesetz. In allen Bundesländern? Nicht ganz. Ein kleines, sehr weit westlich gelegenes Bundesland leistete beharrlich Widerstand gegen die Lockerung der Sexualmoral und alle seine Bürgermeister verständigten sich darauf, keine legalen Bordelle entstehen zu lassen. Eines Tages jedoch wird auch Vorarlberg fällig sein.

Beinahe wäre es schon einmal so weit gewesen. Denn eines Tages fasste ich den Plan, genau dort ein Haus zu eröffnen. Die Gelegenheit ergab sich, weil ich zufällig die Information bekommen hatte, der Bürgermeister einer kleinen Gemeinde sei jetzt doch bereit, von den regionalen Grundsätzen abzuweichen. Als ich Kontakt zu ihm aufnahm, stellte sich heraus, dass er dafür aber eine ziemlich ungewöhnliche Bedingung stellte. Ich sollte dem Herrn ein Grundstück abkaufen, für das ich dann auch gleich die Genehmigung zum Neubau eines Clubs auf der grünen Wiese erhalten sollte. Das Grundstück bot mir der Bürgermeister wohlgemerkt als Privatmann an, nicht etwa als Repräsentant der Gemeinde. Und es war sauteuer.

Nach ein bisschen Recherche stellte sich heraus, dass der Bürgermeister sich als Spekulant betätigt und das Grundstück erworben hatte, um es später mit Gewinn an die Betreiber eines Wohnbauprojektes zu verkaufen. Dieses Wohnbauprojekt war aber nie zustande gekommen und jetzt saß er auf seinem Grundstück und wusste nicht, was tun damit. Mein Ansinnen, einen Club zu bauen, muss ihm wohl als die letzte Chance erschienen sein, doch noch mit Gewinn aus der Sache auszusteigen.

Sie müssen wissen, dass viele Leute die fantastischsten Vorstellungen vom Reichtum und der Dummheit von Bordellbetreibern haben. Deshalb glaubte dieser Typ, dass ich bereit wäre, einen völlig überhöhten Preis für ein ansonsten unvermittelbares Grundstück zu bezahlen. Dass ich sein Angebot ausschlug, hinterließ ihn sehr erstaunt.

Eine weitere heitere Begegnung hatte ich mit einem Salzburger Exemplar der Gattung Bürgermeister. Frank und frei eröffnete er mir, das mit der Genehmigung sei im Prinzip gar kein Problem. Ich müsse nur eine Erklärung unterschreiben, in der ich mich dazu verpflichte, den Auftrag für sämtliche Elektroinstallationen, die beim Bau des Clubs anfielen, der Firma seines Sohnes zu erteilen. Vielleicht finden Sie so etwas gar nicht so ungewöhnlich und sind der Ansicht, wenn man in meiner Branche arbeitet, sollte man Ärgeres gewohnt sein als diese Art von Vetternwirtschaft. Trotzdem bin ich immer wieder erstaunt darüber, mit welcher Selbstverständlichkeit Leute, deren Arbeit darin besteht, eine Gemeinschaft zu repräsentieren, die Regeln dieser Gemeinschaft ignorieren, wenn es ihnen gerade zum Vorteil gereicht. In diesem Fall hätte ich von dieser Haltung bequem profitieren können, denn preislich machte es für mich nur einen geringen Unterschied, bei wem ich die Elektrotechnik in Auftrag gab. Aber bevor Sie jetzt glauben, ich habe dieses Angebot aus rein moralischen Gründen ausgeschlagen, schenke ich Ihnen lieber reinen Wein ein: Ich hätte tatsächlich sofort zugegriffen, wenn sich nicht zeitgleich anderswo ein günstigeres Projekt für mich ergeben hätte.

Etwas anders sieht die Situation in den großen Städten aus. Die Stadt Wien etwa zählt sicher nicht zu den armen Gemeinden und wären ihre Kassen einmal leer, würde kein noch so großzügiges soziales Bußgeld sie entscheidend zu füllen helfen. Wien hat dafür aber ein ganz anderes Interesse an diesem Thema. In urbanem Gebiet besteht naturgemäß eine konstante Nachfrage nach käuflichem Sex. Gibt es für diese Nachfrage nicht genug legale Angebote, wird sie eben auf illegalem Weg befriedigt.

Das bedeutet: Will die Stadt Wien die Quote an illegaler Prostitution senken, muss sie Ausnahmegenehmigungen an einigermaßen vertrauenswürdige und kontrollierbare Bordellbetreiber vergeben. An sich gilt in dieser Sache sogar die Regel: je größer, umso besser – weil große Clubs den Vorteil haben, dass die Polizei an einem Ort viel Prostitution auf einmal kontrollieren und in geregelte Bahnen lenken kann. Aus diesem Grund ist es in Wien zum Glück möglich, eine entsprechende Genehmigung zu erhalten, ohne dem Bürgermeister Grundstücke abzukaufen oder seinen Verwandten Aufträge zu erteilen.

In Wien gilt grundsätzlich die Regelung, dass das Eröffnen eines Bordells ausnahmsweise und bis auf Weiteres gestattet ist, sofern sich die Lokalität nicht in der Nähe sensibler Orte wie Kirchen, Kindergärten und so weiter befindet.

Wenn Sie ein Bordell in einer größeren Stadt eröffnen wollen, funktioniert das Prozedere üblicherweise folgendermaßen: Sie sprechen beim Bürgermeister oder einer seiner Vertretungen vor und bekunden den Plan, ein neues Haus zu eröffnen. Der Bürgermeister sagt dann wahrscheinlich etwas wie: »Ich werde Sie nicht hindern, aber Freude habe ich damit keine.«

In diesem Fall braucht es einiges an Erfahrung als Geschäftsmann, um abzuschätzen, was diese kryptische Aussage bedeutet. Es ist nämlich nicht so, dass die Sache nach der Erteilung der Genehmigung schon in trockenen Tüchern wäre. Der Bürgermeister ist nicht nur der Bürgermeister – er ist auch die oberste baubehördliche Instanz einer Stadt. Und das bedeutet, dass er alle Möglichkeiten hat, die Inbetriebnahme eines Bordells noch zu verhindern, nachdem bereits ein Grundstück gekauft, ein Haus gebaut und eingerichtet und sämtliche Angestellten und Mädchen aufgetrieben wurden.

Für jeden Geschäftsmann kommt das einem Kopfschuss gleich, ich darf Sie nur an meine bitteren Erfahrungen mit dem nie genehmigten Kinoprojekt in Italien erinnern. Es gibt aber kaum etwas, das sich unternehmen lässt, wenn die Baubehörde einmal entschieden hat, sich stur zu stellen. Via Brandschutzbestimmungen lässt sich jeder, aber auch wirklich jeder Bau durch zusätzliche Auflagen so lange verteuern, bis er unerschwinglich wird. Ich würde sogar behaupten, dass es in Wien kein einziges Gebäude gibt, an dem die Brandschützer nicht den einen oder anderen höchst fahrlässigen Mangel ausmachen könnten, wenn sie nur wollten. Und da spreche ich nicht von Trivialitäten wie nach innen öffnenden Schwingtüren, die beim Brand des Ringtheaters Anfang des 20. Jahrhunderts tatsächlich einige hundert Menschen das Leben kosteten.

Sie müssen also schon im Vorfeld erahnen, ob es sich bei der üblichen Ablehnung durch den Bürgermeister nur um einen Widerstand pro forma handelt und Sie in Wirklichkeit freie Hand haben, oder ob tatsächlich damit zu rechnen ist, dass Ihnen von Seiten der Stadtverwaltung Steine in den Weg gelegt werden, die zu groß und schwer sind, um sie wegzuschleppen. In letzterem Fall ändern Sie lieber den geplanten Standort, als ins wirtschaftliche Verderben zu rennen. Auch gegen den erklärten Widerstand der lokalen Polizei ist es eigentlich unmöglich, ein Bordell auf die Beine zu stellen. Denn wenn eine Razzia auf die andere folgt, wird das Geschäft dadurch nachhaltig geschädigt, weil die Kunden zwangsläufig davonlaufen.

Sie kommen aber gar nie so weit, eine Genehmigung für ein geplantes Projekt einzuholen, wenn Sie keine Ahnung haben, wo Sie das nötige Geld auftreiben sollen, um das Projekt zunächst einmal an den Start zu bringen. Die Eröffnung eines neuen Clubs ist eine ausgesprochen kostspielige Angelegenheit. Sie möchten einen Kredit aufnehmen? Gute Idee. So macht man das doch normalerweise als Geschäftsmann, wenn man ein Konzept Wirklichkeit werden lassen will. Nur befinden wir uns im Rotlichtmilieu leider nicht im Bereich normaler Geschäfte. Keine Bank wird Ihnen einen Kredit genehmigen, wenn Sie das Geld in den Aufbau eines Saunaclubs stecken wollen. Dafür gibt es zweierlei Gründe:

Erstens: Die Banken halten die wirtschaftlichen Aussichten eines Bordells für zu unsicher. Die Gefahr des Eingreifens von mafiösen Organisationen und die teils horrenden Steuernachzahlungen, die von Bordellbetreibern verlangt werden, lassen die Verantwortlichen zögern. Sie fürchten, dass der Betreiber die GmbH bald in den Sand setzen wird und sie dann durch die Finger schauen.

Und zweitens: Die Tatsache, dass es nach wie vor als unmoralisch gilt, ein Bordell zu betreiben, führt dazu, dass die zuständigen Angestellten befürchten, die Bank oder schlimmer noch sie selbst bekämen ein schlechtes Image, wenn sie für ein solches Unternehmen einen Kredit vergeben.

Beide Argumente lassen sich eigentlich ziemlich leicht entkräften. Denn es ist erstens natürlich jederzeit möglich, einen Kredit so zu vergeben, dass der Kreditnehmer auch mit seinem Privatvermögen haftet, und zweitens rangieren Bordelle und Saunaclubs, im Vergleich zu dem Image, das Banken seit Beginn der Finanzkrise haben, fast schon unter »gemeinnützige Organisationen«. Bei einigen Banken muss ich mich schon eher fragen, ob es nicht mein Image zu sehr beschädigen würde, Geld von ihnen anzunehmen.

Übrigens kannte ich einmal einen Bankmanager, der mir persönlich einen Kredit verweigerte und Tage später als Gast im Goldentime aufkreuzte. Auf diesen scheinbaren Widerspruch aufmerksam gemacht, erklärte er mir, er selbst sei ein Fan meines Clubs. Nur in seiner Bank müsse er eben die moralische Reinheit repräsentieren. Das nennt man dann wohl bürgerliche Doppelmoral.

Aber sei's drum. Tatsache ist: Die Banken rücken für Geschäfte dieser Art nichts raus, und zwar sozusagen durch die Bank nicht. Damit bleiben dem motivierten Geschäftsmann, der seinen eigenen Club eröffnen will, zwei andere Möglichkeiten. Die eine Möglichkeit sind sogenannte Kredithaie. Diese professionellen privaten Kreditgeber sind jederzeit bereit, für ein Bordell Geld zur Verfügung zu stellen, nur verlangen sie im Schnitt fünfzehn bis zwanzig Prozent Zinsen dafür. Da ich zu Beginn meiner Karriere in diesem Geschäft keine andere Möglichkeit sah, griff ich auf einige dieser Angebote zurück. Das Gelbe vom Ei ist das aber nicht gerade, wie Sie sich sicher schon gedacht haben. Es gibt auch tatsächlich eine wirtschaftlichere Lösung – nämlich Angebote von Privatpersonen aus bürgerlichen Verhältnissen, die sich gerne an so einem Unternehmen beteiligen möchten.

Natürlich sind viele dieser Angebote unbrauchbar. Auch heute machen sich immer wieder Leute einen Termin mit mir aus, weil sie ins Goldentime investieren wollen, nur um mir dann zu eröffnen, dass es sich um eine Summe in der Größenordnung von zehntausend Euro handelt, die sie gerne in mein Geschäft stecken möchten. Ich muss ihnen dann erklären, dass noch das Zehnfache zu wenig wäre. Es gibt aber auch hoch genug dotierte ernsthafte Angebote. Oft habe ich mich gefragt, was es für diese Rechtsanwälte, Mediziner und Manager so reizvoll macht, ihr Erspartes in einen Saunaclub zu stecken. Mit der Zeit habe ich die Beobachtung gemacht, dass es zumeist eine Mischung aus mehreren Faktoren ist: Da ist zunächst einmal dieser Touch des Verruchten, der dem Milieu eben anhaftet und der viele Privatinvestoren ebenso sicher anzuziehen scheint, wie er die Banken abstößt. Zwar können solche Anleger zumeist nirgendwo damit angeben, dass sie an einem Saunaclub beteiligt sind, weil sich das in ihren Kreisen nicht gehört. Aber den meisten genügt es schon, es selbst zu wissen, um einen Kick daraus zu ziehen.

Häufig sind es auch Stammgäste, die irgendwann geschäftlich einsteigen. Dabei scheint es eine gewisse Rolle zu spielen, dass sie durch ihre Investition einen Vorwand bekommen, den Club regelmäßig zu besuchen. Schließlich müssen sie doch überprüfen, ob sie ihr Geld gut angelegt haben. Dazu gesellt sich dann die Fantasie dieser Partner, dadurch auch die Mädchen anteilig zu »besitzen«. Vielleicht hat das etwas mit den Geschichten aus tausendundeiner Nacht und dem Traum vom eigenen Harem zu tun. Vielleicht ist es auch nur eine ganz normale, verbreitete Perversion, was weiß ich. Jedenfalls verraten die betroffenen Männer ihre Gedanken häufig dadurch, dass sie sich bei mir verschwörerisch lächelnd erkundigen, wie es »unseren Mädchen« so geht und diesen Terminus pro Gespräch circa ein Dutzend Mal verwenden. Übrigens verhält sich die Häufigkeit, mit der ein Mann von »unseren Mädchen« spricht, ziemlich genau umgekehrt proportional zur Höhe des Investments, das er geleistet hat.

GOLDENTIME
Clean Team

Nicht zuletzt spielt natürlich auch die Erwartung der Investoren eine Rolle, im Rotlichtmilieu lasse sich in relativ kurzer Zeit relativ viel Geld verdienen. Und was soll ich sagen: Solange es keine Probleme gibt und alles gut läuft, ist dieser Verdacht nicht ganz falsch. Wie viel ein Mädchen im Schnitt bei uns verdient, habe ich Ihnen schon ganz offen gesagt. Daher sehe ich auch keinen Grund, Ihnen jetzt zu verschweigen, wie viel Umsatz der Club normalerweise macht. Natürlich gibt es immer wieder bessere und schlechtere Zeiten, aber so über den Daumen setzt das Goldentime im Monat etwa dreihunderttausend Euro um. Und zwar ausschließlich mit den Eintrittsgeldern unserer Kunden.

Nun ist so ein Club mit seiner Größe, seinen Angestellten und seiner technischen Ausstattung vom Swimmingpool bis zu den Überwachungskameras natürlich auch nicht ganz billig zu erhalten. Trotzdem bleibt genug übrig, sodass sich die Mühe lohnt. Und davon bekommen die Investoren ihren fairen Anteil. In Deutschland gibt es einige Großclubs, die eine halbe Million Umsatz pro Monat herausholen. Noch höher hinauf geht es meines Wissens aber kaum.

So wie Privatinvestoren immer ein spezielles Verhältnis zu »ihrem« Saunaclub haben, so lässt das Goldentime auch keinen seiner sonstigen Geschäftspartner kalt. Es mag übertrieben klingen, aber über die Jahre hinweg hat es sich immer wieder bewahrheitet: Im Rotlichtmilieu gibt es keine »normalen« Geschäftsbeziehungen. Das war für mich am Anfang ein kleiner Kulturschock. In meiner Arbeit im Immobiliensektor hatte ich die üblichen marktwirtschaftlichen Prozesse kennengelernt: Angebot und Nachfrage, Preisvergleiche et cetera. Nach meinem Wechsel in die neue Branche schien davon plötzlich kaum mehr etwas zu gelten. In anderen Wirtschaftszweigen funktionieren die Beziehungen zu den meisten Geschäftspartnern nach dem Prinzip der Rationalität. Wer einen Saunaclub führt, muss diese Erwartung aber schnell über Bord werfen.

Ein Beispiel: Sie gehen zu drei verschiedenen Tischlern, um Kostenvoranschläge für die Einrichtung einzuholen. Ginge es dabei um die Einrichtung eines Kaffeehauses, würden Sie drei ziemlich ähnliche Angebote erhalten und sich dann für das billigste entscheiden. Da Sie aber einen Saunaclub einrichten wollen, sieht das Ergebnis anders aus. Der erste Tischler weigert sich, überhaupt ein Angebot zu legen und stellt klar, dass er mit Ihnen und Ihresgleichen nichts zu tun haben will. Der zweite ist sehr freundlich, schickt Ihnen aber ein Angebot, dem Sie sofort ansehen, dass es mindestens um das Doppelte überteuert ist. Der dritte kann seine Begeisterung kaum im Zaum halten, sagt drei andere Geschäfte ab und legt ein Angebot zur Hälfte des marktüblichen Preises, weil er unbedingt den Zuschlag erhalten möchte.

Warum diese unterschiedlichen Reaktionen? Ich glaube, dass die mystische Aura des Rotlichtmilieus beziehungsweise der »Unterwelt« die Leute einfach verrückt macht. Die einen, weil sie um keinen Preis etwas damit zu tun haben wollen. Und die anderen, weil sie entweder heimlich immer schon etwas damit zu tun haben wollten oder aber glauben, die Branche würde so in Geld schwimmen und so von wirtschaftlichen Vollidioten durchsetzt sein, dass sie mit ihr fette Renditen erwirtschaften können.

Selbst wenn wir Studenten zum Verteilen der Flyer in Hotels schicken, ist es das Gleiche: In der einen Hälfte der Hotels werden sie umgehend wieder hinauskomplimentiert. In der anderen werden sie mit der Frage empfangen, warum sie nicht schon früher hier waren. Die Gäste würden ständig nach Clubs wie unserem fragen. Neutral ist die Reaktion nirgends.

Dieser Sonderstatus der Branche ist auf die Dauer ziemlich mühsam. Er wirkt sich nicht nur auf die Kontakte zu anderen Wirtschaftstreibenden aus, sondern ebenso sehr auf die Beschäftigung von Angestellten. Ich brauche für meinen Club Barfrauen, Reinigungskräfte, Werbeleute, Rezeptionistinnen, Sicherheitsleute und Mitarbeiter für das Management. Das Problem ist, dass die Branche wegen ihres Rufes hauptsächlich schräge Vögel anzieht. Die »normalen« potenziellen Bewerber haben zumeist Angst davor, in dieser Randzone zu arbeiten. Bei allen männlichen Bewerbern muss ich während des Vorstellungsgespräches zudem herauszufinden versuchen, ob sie nicht bloß darauf hoffen, hier Mädchen abschleppen zu können – was ich natürlich absolut nicht brauchen kann. Oder ob sie, noch schlimmer, verdeckt agierende Zuhälter sind, die versuchen wollen, Mädchen abzuwerben. Bei den Frauen wiederum muss ich checken, ob sie nicht mit dem heimlichen Vorsatz gekommen sind, selbst ein paar Freier an Land zu ziehen.

Um Bewerber mit so einer versteckten Agenda erst gar nicht aufmerksam zu machen, bin ich dazu übergegangen, den Charakter des Clubs in den Annoncen eher zu verstecken. Dadurch bewerben sich mehr seriöse Leute, denen ich, wenn sie erst einmal zu einem Gespräch hergekommen sind, die Angst vor dem Milieu meist relativ schnell nehmen kann. Trotzdem ist die Zahlung eines »Gefahrenzuschlages« in der Branche unumgänglich. Und zwar aus rein psychologischen Gründen. Denn in Wirklichkeit sind Angestellte in einem normalen Gastronomiebetrieb, in dem unbegrenzt Alkohol ausgeschenkt wird, viel eher gefährdet, bei einem Streit zwischen Betrunkenen oder beim Lokalverweis eines ungebetenen Gastes eins auf die Nase zu bekommen. Bei uns wird für solche Probleme zu wenig Alkohol ausgeschenkt und um den Rest kümmert sich die gut ausgebildete und darauf spezialisierte Security. Trotzdem könnte ich gerade die soliden Angestellten ohne den Gefahrenzuschlag nicht an Bord holen.

Außerdem sehe ich mich gezwungen, auf Probezeiten von drei Monaten für jeden neuen Angestellten zu bestehen. Erst nach dieser Zeit kann ich einigermaßen sicher ausschließen, dass einer ein schräger Vogel ist und uns Schwierigkeiten bereiten wird. Selbst dann ist darauf noch nicht hundertprozentig Verlass. Es ist schon vorgekommen, dass ich eine Barfrau gehen lassen musste, die bereits fix bei uns arbeitete, weil sie dabei erwischt wurde, wie sie dem Drängen eines unserer Kunden nachgab und gegen gute Bezahlung auf ein Stündchen mit zu ihm nach Hause fuhr. Sie können natürlich sagen: Es könnte mir doch eigentlich egal sein, was sich außerhalb des Clubs an solchen Geschichten abspielt. Aber erstens kann ich keine unkontrollierbaren Parallelstrukturen brauchen. Und zweitens schulde ich es unseren Mädchen, dass ich keine solche unsaubere Konkurrenz zulasse.

Allerdings kann es für unsere weiblichen Angestellten zum Teil ziemlich schwierig sein, sich den Begehrlichkeiten einiger Kunden zu entziehen. Fragen Sie mich nicht warum, aber es gibt immer wieder Kunden, deren größter Triumph es offenbar wäre, eine Barfrau oder eine Rezeptionistin herumzukriegen, obwohl sie von fünfzig nackten und willigen Mädchen umgeben sind. Wie sagt es das englische Sprichwort so schön: The grass is always greener on the other side. Was man nicht haben kann, wird dadurch oft erst interessant, und das scheint hier in besonderer Weise zu gelten. Ich könnte es ja noch verstehen, wenn die betreffenden Männer sich hin und wieder eine außergewöhnliche natürliche Schönheit unter unseren Angestellten herauspicken und ihre Avancen auf sie konzentrieren würden. Aber das Aussehen spielt dabei absolut keine Rolle. Vielmehr geht es einfach nur darum, exklusiv etwas zu bekommen, was keiner der anderen Kunden zuvor schon gehabt hat. Und sich somit als Triumphator zu fühlen. Nur, wenn Sie mich fragen: Ich verstehe nicht ganz, wo der Triumph dabei liegt, eine beinahe fünfzigjährige Putzfrau, die sieben Euro die Stunde verdient, dazu zu überreden, für zweihundert Euro mit mir in die Kiste zu hüpfen. Diese Manie mancher Kunden hat mich schon einmal auf die Idee gebracht, einen Spezialclub zu eröffnen, in dem die Prostituierten als Angestellte getarnt sind, damit die Kunden ihre Lust an der Jagd noch besser ausleben können und am Ende dann doch immer erhört werden.

Vielleicht würde in einem solchen Rollenspiel-Club eine andere Manie ein bisschen gebremst: die Manie der Mädchen, sich durch Schönheitsoperationen ihren Körper kaputt zu machen. Ich habe mir dieses Thema für dieses Kapitel aufgehoben, weil die skrupellose Geschäftemacherei gewisser Ärzte auch zum »Red Business« gehört. Leider ist es mit den Schönheits-OPs meiner Erfahrung nach so: Hat sich ein Mädchen erst einmal eine in den Kopf gesetzt, ist es völlig unmöglich, sie ihr wieder auszureden. Dabei arbeiten bei uns zum Großteil junge Frauen, bei denen es für Eingriffe dieser Art überhaupt keinen Anlass gibt. Dass Frauen ab einem gewissen Alter ein Bedürfnis danach haben, Körperpartien straffen zu lassen, um ein bisschen frischer auszusehen, kann ich absolut nachvollziehen. Solche Frauen besitzen dann zumeist auch genug Lebenserfahrung, um sich einen entsprechend seriösen Arzt auszusuchen und darauf zu achten, dass ihnen nichts Überflüssiges oder Kontraproduktives eingeredet wird. Die jungen Mädchen aus den osteuropäischen Nachbarländern hingegen fahren für ihr Vorhaben meistens auch noch in ihre Heimat, weil die Ärzte dort billiger sind. Damit will ich natürlich nicht behaupten, dass etwa ungarische Ärzte grundsätzlich schlechter wären als unsere. Aber es scheint so zu sein, dass sich in einigen dieser Länder ein ganz eigenes Gewerbe gebildet hat, das darauf spezialisiert ist, junge Frauen in solche plastisch-chirurgischen Eingriffe hineinzulocken – und ihnen später gleich noch einmal Geld für die zwangsläufig notwendig gewordene Korrektur der ersten verpfuschten Operation abzunehmen. Dabei vergrößern diese sogenannten Korrekturen den Schaden zumeist noch. Das ist ja das Schlimme an dieser Art der Körperverletzung: Sie ist nicht mehr gutzumachen. Bei jungen Prostituierten kommt erschwerend hinzu, dass sie sich, im Gegensatz zu anderen

Frauen, mit solchen Aktionen nicht nur privat schädigen, sondern sich unter Umständen die Basis für ihren Broterwerb zerstören. Denn natürlich kann ich ein Mädchen, das durch eine misslungene Schönheits-OP nachhaltig entstellt wurde, nicht allein deshalb weiter im Club arbeiten lassen, weil sie früher einmal gut ausgesehen hat.

Furchtbar in Mode ist zum Beispiel seit einiger Zeit der Versuch, den sogenannten brasilianischen Hintern mit Hilfe von Silikon nachzumodellieren. Ich habe allerdings noch keinen einzigen Arsch gesehen, bei dem dieser Versuch gelungen wäre. Das ist eigentlich auch kein Wunder: Eine operierte Stelle, auf der man ständig sitzt, heilt nicht richtig, und durch den Druck verformt sich das Silikon immer wieder und bleibt nicht dort, wo es platziert wurde. Trotz vieler warnender Beispiele ist es aber tatsächlich kaum möglich, den Mädchen diese Schnapsideen ein für allemal auszureden. Die dafür anfälligen glauben, ich rate ihnen nur deshalb davon ab, weil ich nicht zugeben will, dass mich Dinge an ihrem Äußeren stören, und weil ich es ihnen nicht gönne, ihre Schönheitsfehler beseitigt zu sehen. Diese Gedanken mögen absurd klingen, aber es ist die gleiche Art von Realitätsverweigerung, die man von magersüchtigen Frauen kennt. Gut zureden hilft da leider gar nichts.

In die gleiche Schublade gehört auch der stetig wachsende Trend zur Tätowierung. Auch dabei geschehen lebenslange Entstellungen. Wobei hier noch erschwerend hinzukommt, dass die Mädchen einander gegenseitig einreden, dass das Tattoo ein Muss ist. Beobachten lässt sich auch, dass es eine Tendenz gibt, anfangs kleine, relativ dezente Tätowierungen später immer weiter auszubauen, bis sie ganze Körperregionen wie etwa den Rücken einnehmen. Dass das selbst in den seltenen Fällen, in denen eine solche Körperzeichnung wirklich gelungen wirkt, die großteils etwas älteren männlichen Kunden eher verschreckt, liegt, glaube ich, auf der Hand. Trotzdem sind manche Mädchen ganz wild darauf und stecken andere mit ihrer Begeisterung an.

Gar nicht selten ist auch der Fall, in dem ein Mädchen sich in der Zeit, in der sie noch nicht auf eigene Rechnung gearbeitet hat, den Namen ihres Zuhälters, der zugleich ihr Freund war, tätowieren hat lassen. Dumm genug, aber noch dümmer, wenn dieser Name sich in geschwungenen Lettern von ihrem Handrücken bis hinauf zur Schulter erstreckt. Dann kann sie nur noch hoffen, dass ihr Ex wenigstens einen häufigen Vornamen hatte und sie in ihrem Leben noch andere Typen trifft, zu denen die Aufschrift passt.

Da wir gerade wieder beim Thema Frauen sind: Eine Geschäftsidee, die ich seit Langem mit mir herumtrage, ist die von einem Club, in dem das gesamte Management von Frauen gemacht wird, wo es also nur weibliche Angestellte gibt. In Stuttgart gibt es bereits einen solchen Club, der von drei Ex-Prostituierten geführt wird. Hier in Österreich hat so etwas noch niemand versucht. Dabei liegen die Vorteile klar auf der Hand. Nicht nur, dass die Polizei Frauen zumeist weniger Schwierigkeiten macht – das ist ein Faktum, von dem ich Ihnen schon im Zusammenhang mit den weiblichen Zuhältern erzählt habe, die lange Zeit unentdeckt geblieben sind –, wichtiger noch ist, dass die Anwesenheit von Frauen einen stark deeskalierenden Effekt in Konfliktsituationen hat. Wussten Sie zum Beispiel, dass Fußballspiele, die von weiblichen Schiedsrichtern geleitet werden, eine wesentlich geringere Quote an bösartigen Fouls aufweisen? Ein ähnlicher Effekt würde sich, glaube ich, auch im Saunaclub erzielen lassen. Wenn es im Club keine männlichen Feindbilder für aggressive Besucher mehr gäbe, käme es auch seltener zu Auseinandersetzungen. Jeder anwesende Mann erhöht die Wahrscheinlichkeit für eine gewalttätige Auseinandersetzung wahrscheinlich ähnlich stark wie jede zugängliche Flasche Schnaps.

Ich selbst würde bei so einem Club im Vorfeld alles planen und auf die Beine stellen und das operative Geschäft danach ganz den Frauen überlassen – aber natürlich nicht, ohne entsprechend am Gewinn beteiligt zu sein. So etwas könnte ganz ähnlich laufen wie das Franchise-System, an dem ich seit Längerem arbeite und das bald Wirklichkeit werden könnte. Dabei gibt es im Rotlichtmilieu vor allem ein Problem: Wie kann ich das Konzept des Goldentime so »mundgerecht« aufbereiten, dass ich die Leitung des Clubs guten Gewissens einem Investor überlassen kann, der bisher keinerlei Erfahrungen im Milieu gesammelt hat? Ein solcher Franchise-Club nach dem McDonald's-Modell würde sich ja geografisch an einem Ort befinden, an dem ich selbst auch noch keine Erfahrungen gesammelt habe. Derzeit habe ich zum Beispiel zwei Angebote von Investoren aus dem Ruhrgebiet, die dort gerne ein Goldentime finanzieren und führen würden, aber keine Ahnung vom Geschäft haben.

Ein solches fremdes Revier bedeutet natürlich andere Konkurrenzstrukturen und eine jeweils völlig einzigartige

Situation, die ich beim Aufbau eines neuen Clubs genauestens berücksichtigen müsste. Würde ich das ignorieren und dort einfach ein neues Haus hinstellen, ohne mich vor Ort über die dortigen Verhältnisse schlau gemacht zu haben, könnte es leicht passieren, dass die lokale Mafia – oder sagen wir es allgemeiner: die mächtigste dort agierende Gruppe – meinem Filialleiter in den Hintern tritt, bevor er sich noch so richtig auf seinem Sessel niedergelassen hat.

Um das zu verhindern, habe ich in diesem konkreten Fall Kontakt mit jemandem aufgenommen, der in vielen Clubs dieser Gegend als Security gearbeitet hat und die Verhältnisse gut kennt. Ich habe ihn kurzerhand zu meinem Mitarbeiter gemacht und bezahle ihn dafür, dass er das Terrain sondiert, von verschiedenen Mädchen aus erster Hand Informationen bezieht und mir genauestens darüber Bericht erstattet, was sich in der dortigen Szene so abspielt. Sobald ich genügend Informationen gesammelt habe, kann ich konkrete Schritte setzen, um einen Einstieg in die lokale Branche zu wagen. Erst wenn ich einigermaßen sicher bin, dass ich alle Risiken kontrollieren und abschätzen kann, wird der Club dann der Leitung des Investors übertragen. Denn ich kann Greenhorns natürlich nicht damit belasten, ihnen die Gefahren aufzuzählen, die theoretisch über sie hereinbrechen könnten. Stattdessen muss ich versuchen, diese Gefahren im Vorfeld zu minimieren und die Geschäftsführer dann nur mehr in die Basics des Sicherheitsthemas einzuführen, indem ich ihnen erkläre, wie die Security zu organisieren ist, wie viele Überwachungskameras sie im Club benötigen und so weiter.

Die Franchise-Sache ist mir auch deshalb wichtig, weil ich nicht vorhabe, für den Rest meines Lebens weiter selbst im operativen Geschäft tätig zu bleiben. Vielleicht leite ich den Laden noch sechs oder sieben Jahre, aber danach wäre es Zeit für einen vertrauenswürdigen und erfahrenen Nachfolger, in dessen Hände ich die Zukunft des Goldentime legen kann. Solche Leute sind in unserer Branche aber noch viel schwerer zu finden als anderswo. Meine Hoffnungen ruhen daher darauf, später einmal jemanden das Goldentime übernehmen lassen zu können, den ich einige Jahre lang in seiner Arbeit als Franchise-Nehmer beobachten konnte und deshalb abschätzen kann, dass er geeignet ist und den Karren nicht in den Dreck fährt. Denn dass ich vorhabe, aus dem Tagesgeschäft auszusteigen, bedeutet ja nicht, dass ich nicht noch für den Rest meiner Tage am Goldentime verdienen möchte. Und das geht nur, wenn das Haus auch nach meinem Rückzug professionell weitergeführt wird.

Ich selbst bin ja als Quereinsteiger in dieses Geschäft gekommen, und ich weiß daher, wie lange es dauert, bis man versteht, was man dabei zu tun und was man besser zu lassen hat. Übrigens hat dieser Umstieg in eine so ganz andere Branche auch mein Privatleben durchaus mitbetroffen. Zunächst einmal hat es ein paar Jahre gedauert, bis ich ganz offen darüber reden konnte, womit ich mein Geld verdiene. Das hat damit zu tun, dass das Rotlichtmilieu auch für mich ursprünglich ein mystifizierter Bereich war. Bevor ich selbst geschäftlich eingestiegen bin, kannte ich das Milieu nur durch die Kontakte zu Leuten aus der Szene, die ich in meiner Zeit als Croupier kennengelernt habe. Und das war zwar durchaus spannend, aber tiefere, realistische Einblicke in das Funktionieren der Branche bekam ich dabei noch keine. Ich war noch nie privat zu einer Nutte gegangen, bevor ich als Geschäftsmann in die Branche einstieg. An dieser Stelle: Inzwischen hatte ich etwas mit Prostituierten, aber – mit Ausnahme des einen oder anderen Vertrauensmädchens – nicht im eigenen Haus. Seltsamerweise entsteht bei mir im eigenen Betrieb keine Lust. Wenn ein Mädchen in meinem Büro steht, und sei es nackt, geht es immer ums Geschäft. Selbst wenn sie neu ist und zum Vorstellen kommt, verspüre ich keinerlei Regung. Dann checke ich sie nüchtern ab, frage mich, ob sie in die gegenwärtige Konstellation der Mädchen im Club passt, welche Rolle sie darin spielen und welche Nachfrage sie befriedigen könnte. Anders ist es, wenn ich zur Feindbeobachtung und auf der Suche nach neuen Inspirationen in anderen Clubs, sei es im In- oder Ausland, unterwegs bin. Dann kann es schon dazu kommen, dass ich mit einem Mädchen nach einem kurzen Informationsgespräch über ihre Arbeitsbedingungen in einem Zimmer verschwinde, und dann ist mein Interesse natürlich nicht mehr professioneller Natur. Warum nicht? Ich bin mehr oder weniger Single. Mehr oder weniger heißt: Ich habe aus alten Tagen im Napoleonhof noch eine sehr gute alte Freundin, mit der ich Dinge tue, die sonst vielleicht Paare miteinander tun. Ins Kino gehen. Ins Theater. Diskutieren. Essen. Aber wir sind beide aus dieser Branche. Beziehungsklischees, die Menschen in der normalen Welt oft als schale Illusion vor sich hertragen, halten hier einfach nicht stand. Beziehung – dieses Wort hat hier eine andere Dimension und es hat wenig mit körperlicher Treue und viel mit Vertrauen und Aufrichtigkeit zu tun.

Aber noch einmal zurück zu meinem Brancheneinstieg: Hätten Sie mich als jungen Mann gefragt, ob ich mir diese Branche für meine berufliche Zukunft vorstellen kann, hätte ich diesen Gedanken höchstwahrscheinlich zurückgewiesen. Das ist wohl der Grund, warum ich später einige Zeit gebraucht habe, bis ich zu dem, was ich heute tue, wirklich stehen konnte. Und in der Zwischenzeit habe ich durch meine Arbeit viele Freunde verloren und viele gewonnen.

Sie denken jetzt vielleicht: Die echten, die seriösen Freunde werden mir den Rücken gekehrt haben und die neuen Freunde sind eigentlich nur Geschäftspartner oder Kunden aus der Branche. Aber das stimmt ganz und gar nicht. Meine wirklich guten Freunde haben sich die Mühe gemacht, sich genau anzusehen, was ich tue und wie ich das Goldentime führe. Sie haben dabei sehr ähnliche Überraschungen erlebt wie Sie, die Sie gerade dieses Buch lesen, wahrscheinlich auch. Und die allermeisten haben mir schließlich zugestanden, dass ich meine Sache gut mache. Verloren habe ich nur die Freunde, die gar nicht erst bereit waren, sich mit dem Thema auseinanderzusetzen, sondern mich verdammt haben, ohne sich die Fakten anzusehen. Und um die ist es eigentlich nicht wirklich schade.

Meine neuen Freunde sind oft Menschen aus ziemlich hohen gesellschaftlichen Positionen, die ich ohne den Club nie kennengelernt hätte und die sich mir in einer ganz anderen und privateren Weise geöffnet haben, als es sonst je möglich gewesen wäre. In diesem Zusammenhang will ich Ihnen noch von einer Gewohnheit erzählen, die mir inzwischen zur zweiten Natur geworden ist: Als Betreiber eines Saunaclubs grüßt man in der Öffentlichkeit niemals jemanden, den man aus dem Club kennt, wenn er gerade in Begleitung ist. Selbst wenn ich eine Stunde vorher noch mit Ihnen Kaffee trinkend in meinem Büro gesessen bin, würde ich Sie ignorieren, wenn ich Ihnen später in einem Lokal begegnen würde und Sie nicht alleine sind. Das ist eine Notwendigkeit, um Leute nicht in peinliche Situationen zu bringen. Grüßt mich der Betreffende, lasse ich meine Maske natürlich sofort fallen, grüße zurück und beginne gegebenenfalls ein Gespräch. Aber immer muss der erste Schritt dazu vom anderen kommen.

Ich esse auch häufig in Lokalen, die Stammkunden von mir gehören oder wo vom Oberkellner bis zum Koch alle regelmäßig bei mir vorbeischauen. Auch da behalte ich mein Pokerface. Und in den Lokalen, in denen sich die Society trifft, kommt es nicht selten vor, dass an drei verschiedenen Tischen Männer sitzen, die im Goldentime ein und aus gehen. Gehe ich ins »Fabios« in der Wiener Innenstadt abendessen, kommt es kaum einmal vor, dass ich keine bekannten Gesichter sehe. Trotzdem bleibe ich unauffällig, während ich meine Spaghetti verzehre.

Natürlich passiert es noch immer hin und wieder, dass ich privat Probleme mit Leuten bekomme, die meiner Arbeit ablehnend gegenüberstehen. Schon einige Ehefrauen von Freunden haben mir unter vier Augen gesagt, dass sie mich verachten und für einen kriminellen Ausbeuter halten. Mittlerweile weiß ich, dass diese Frauen zumeist nicht bereit sind, über das Thema zu diskutieren oder sich auch nur meine Sicht der Dinge anzuhören. Sie wollen nur ihren Ärger loswerden und dann nichts mehr von der Sache wissen. Da kann man dann eben nichts machen.

Ganz anders verläuft das Gespräch zumeist mit erklärten Feministinnen, die einen informierteren und politischeren Zugang zum Thema haben. Diese Frauen sind meistens stark an Diskussion und auch an Informationen aus erster Hand über das Funktionieren des Geschäfts interessiert. Und ich habe den Eindruck, dass sich im politischen Feminismus immer mehr die Tendenz abzeichnet, legale Prostitution nicht in Bausch und Bogen abzulehnen. Oft weiß man in diesen Kreisen zum Beispiel über die Statistiken Bescheid, die zeigen, für wie viele Frauen Prostitution die einzige Möglichkeit ist, genug Geld zu verdienen, um ihre Familie über Wasser zu halten. Und wie die Illegalisierung von Prostitution diese Frauen in die Rechtlosigkeit und somit in die Arme der Zuhälter treibt. Gerade im Gespräch mit Feministinnen habe ich die Erfahrung gemacht, dass sachliche Aufklärung und Diskussion die wichtigsten Schritte sind, um das Thema Prostitution von seiner mystischen Aura zu befreien.

Die Verwirklichung eines meiner anderen wirtschaftlichen Vorhaben steht übrigens nach wie vor in den Sternen: Mein Börsengang mit der »Red-Business-Aktie« liegt angesichts der wirtschaftlichen Großwetterlage für unbestimmte Zeit auf Eis. Für so einen Schritt brauche ich eine begleitende Bank, und ich habe Ihnen ja schon geschildert, wie schwierig das Verhältnis zwischen Banken und Bordellbesitzern im Allgemeinen ist. Die Krise, in der die meisten dieser Institute nach wie vor stecken, hat sie da nicht unbedingt liberaler gemacht. Nicht zuletzt schwebt über mir und dem Goldentime auch ein finanzielles Damoklesschwert, das ich Ihnen nicht verschweigen möchte. Ich hatte an diesem Buch schon zu schreiben begonnen, als eine Anzeige nach dem Ausländerbeschäftigungsgesetz, verbunden mit einer Strafe in Höhe von vierhunderttausend Euro, bei mir einging. Diese Anzeige, in der mir unterstellt wird, dass die Mädchen in meinem Haus in einem getarnten Angestelltenverhältnis zu mir stehen, könnte im Extremfall das Geschäftsmodell Saunaclub bis auf Weiteres versenken.

Ich befinde mich derzeit in der zweiten Berufungsinstanz und meine Argumentation lautet wie folgt: Da die Mädchen, die im Goldentime ihrer Arbeit nachgehen, selbständige Unternehmerinnen sind, denen ich keinen Cent bezahle und die ebenso wie ihre Kunden Eintritt entrichten, können sie unmöglich meine Angestellten sein. Die Stadt Wien bereitet dem Vernehmen nach gerade ein neues Prostitutionsgesetz vor, das dieser Argumentation folgt: Prostituierte sollen offiziell den Status von selbständigen Unternehmerinnen erhalten. Solange aber noch die aktuelle Gesetzeslage gilt, muss ich befürchten, dass meine Einwände zurückgewiesen werden und ich zum Zahlen dieser exorbitant hohen Strafe verdonnert werde. Mir bliebe dann wohl nichts anderes übrig, als in Konkurs zu gehen und mich so lange aus dem Geschäft zurückzuziehen, bis die Gesetzeslage das Modell Saunaclub wieder unter legalen Vorzeichen ermöglicht. Dass ich dann noch einmal ganz von vorne anfangen müsste, ist mein privates Problem. Auch wer in dieser Branche alles richtig und damit ein gutes Geschäft macht, kann eben von einem auf den anderen Tag alles verlieren. Dass durch ein solches Urteil auch all die Mädchen, die in Saunaclubs autonom ihrer Arbeit nachgehen, erneut in die Kriminalität und die ausbeuterischen Verhältnisse der Zuhälterei getrieben würden, sollte den zuständigen Behörden noch rechtzeitig jemand erklären. Vielleicht haben wir ja Glück und sie lesen diese Zeilen.

ZUM ABSCHLUSS

Falls Sie auf den ersten Seiten dieses Buches noch mit dem Gedanken kokettiert haben, selbst ein Bordell aufzusperren – womöglich weil auch Sie ein wenig dem Mythos der Branche verfallen sind –, dann haben Sie diese Idee möglicherweise inzwischen fallen gelassen. Damit Sie in jedem Fall trotzdem etwas Handfestes von der Lektüre dieses Buches haben, möchte ich Ihnen zum Abschluss noch ein paar Businesstipps mitgeben, die ich zwar aus meinen Erfahrungen im Rotlichtgeschäft generiert habe, die aber zweifellos Allgemeingültigkeit für jegliche Art von Geschäften haben. Businesstipps vom Puffbetreiber? Allemal, würde ich sagen. Hätte ich mein als Puffbetreiber erworbenes Wissen über das Geschäftsleben schon bei meiner ersten Karriere gehabt, wäre ich sicher nie auf die Nase gefallen. Ich habe natürlich keine bezugsfertige Managementtheorie anzubieten, aber einige einfache Ratschläge, über die Sie nachdenken und sie bei passender Gelegenheit ausprobieren können.

1. Mit Bargeld steigen Sie in Notlagen immer besser aus. Wie oft habe ich das schon erlebt: Ich habe bei dieser oder jener Firma Schulden, aber mir fehlt das Geld, um die ganze Summe zu berappen. Besonders in meiner Anfangszeit als Unternehmer war ich wegen der hohen Zinsen der Kredithaie oft unter Druck. Da blieb immer wieder einmal nicht genug

übrig, um alle offenen Rechnungen zu begleichen. In dieser Situation lernte ich viel über die Macht des Bargelds. Ich spazierte einfach mit einigen Bündeln Geldscheinen direkt in das Büro der Firma, der ich einen größeren Betrag schuldig war und legte sie ohne viele Worte auf den Tisch. Es mag überraschend klingen, aber in den allermeisten Fällen haben die Leute das Geld genommen, selbst wenn es um ein Viertel weniger als der ausständige Betrag war – und die Sache war damit erledigt.

Dieser Effekt lässt sich für mich nur damit erklären, dass gerade in unserer elektronisierten Geschäftswelt Bargeld wieder einen ganz eigenen Reiz gewinnt, dem sich auch kühl kalkulierende Geschäftsleute nur schwer entziehen können. Wenn Sie also einmal in einem Engpass sind oder einfach etwas Geld bei einem geschäftlichen Deal sparen wollen, dann versuchen Sie es: Drücken Sie ihrem Gegenüber das, was Sie zu zahlen bereit sind, in Form von Banknoten in die Hand und sein gieriger Blick wird Ihnen bestätigen, dass Ihr Manöver erfolgreich war.

2. Entdeckt habe ich auch den wohl für die gesamte Dienstleistungs- und Handelsbranche geltenden Umstand, dass die einfühlsame Behandlung von Reklamationen das beste Kundenbindungsinstrument überhaupt ist. Auch in einem Bordell sind Kunden natürlich nicht immer zufrieden. Es gibt immer wieder Männer, die nicht bereit sind, die Summe zu bezahlen, die mit dem Mädchen vorher vereinbart wurde, weil sie aus irgendeinem Grund nicht zufrieden sind. Manchmal handelt es sich dabei einfach um Querulanten, zumeist wur-

den aber einfach vorher Preis und Leistung nicht genau genug vereinbart. Zwar müssen diese Kunden die Prostituierte trotzdem immer bezahlen, aber ich habe gelernt, dass solche Reklamationen das perfekteste aller Mittel zur Kundenbindung sind. Der Kunde weiß meist selbst, dass er sich in etwas hineinsteigert, weil er einen schlechten Tag hat, überhaupt schlecht drauf ist oder eben zu einer gewissen Cholerik neigt. Trotzdem höre ich ihm zu, nehme sein Anliegen ernst und gebe ihm nachher sogar noch einen Gutschein für einen Gratiseintritt beim nächsten Mal. Die Erfahrung hat gezeigt, dass solcherart beschwichtigte Männer immer wieder kommen und manchmal sogar noch Mundpropaganda für uns machen. Vor Jahren habe ich diese Leute einfach hinausgeworfen, wenn ihre Einwände unbegründet waren. Genauso gut hätte ich bares Geld hinauswerfen können.

3. Werfen Sie ihre moralischen Bedenken über Bord und überwachen Sie die Menschen in Ihrem Betrieb so viel wie möglich. Zu diesem Zweck empfiehlt sich die Installation von Kameras in Ihrem Geschäftsbereich, und zwar sowohl von sichtbaren als auch von unsichtbaren. Mit unsichtbaren Kameras meine ich diejenigen, denen man nicht ansieht, dass es Kameras sind. Nützlich ist das nicht nur im Fall eines Verbrechens, sondern auch zur Überwachung der täglichen Routine. Sie können normalerweise nicht rund um die Uhr selbst in Ihrem Geschäft stehen und alles kontrollieren. Das regelmäßige Durchsehen der aufgezeichneten Bänder hilft Ihnen, die verlässlichen Mitarbeiter von denen zu unterscheiden, die nur so tun als ob. Letzten Endes können Sie nur auf

diese Weise sicher sein, nicht hintergangen zu werden. Ich habe schon mehrmals erlebt, dass gerade jene Mitarbeiter, die ich für besonders fleißig und zuverlässig gehalten hatte, einen ganz anderen Eindruck machten, sobald ich nicht mehr anwesend war. Alle Menschenkenntnis der Welt ist nichts gegen das scharfe Auge einer unsichtbaren Mikrokamera.

4. Machen Sie so viel wie möglich selbst. Lassen Sie sich von niemandem einreden, dass Sie alles Mögliche delegieren sollten. Legen Sie überall dort, wo es irgendwie geht, selber Hand an. Schließlich sind Sie es, der Profit machen will, und es ist Ihr Geschäft, oder? Nach vielen Jahren als Geschäftsmann halte ich das mittlerweile wirklich für die wichtigste, gewissermaßen die goldene Regel. Was Sie delegieren, kann immer schiefgehen, und das oftmals auch noch, ohne dass Sie etwas davon mitbekommen.

Ich hatte zum Beispiel einmal einen Geschäftsführer, von dem sich erst nach längerer Zeit herausgestellt hat, dass er die Mädchen, für deren Betreuung er eigentlich zuständig war, erpresste. Da ich den Kontakt mit den Mädchen weitgehend an ihn delegiert hatte, flog das Ganze lange Zeit nicht auf. Seit ich auch diesen Bereich selber verwalte, gibt es so etwas nicht mehr. Und so ist es auf allen Gebieten. Ich habe längst veranlasst, dass alles, das nicht direkt über mich läuft, mir zumindest detailliert zur Kenntnis gebracht werden muss. Jeden Tag klopfen meine Mitarbeiter bei mir an und erstatten Bericht über die Dinge, die sie an diesem Tag erledigt haben. Das ist anstrengend, aber ich denke, dass diese Praxis absolut überlebenswichtig ist.

Selber erledigen sollten Sie übrigens auch Kundenumfragen. Vor einigen Jahren gab ich zur Schärfung meines Marktprofils eine Umfrage bei einem Meinungsforschungsinstitut in Auftrag. Die Ergebnisse waren völlig unbrauchbar. Offenbar hatten irgendwelche desinteressierten Studenten die Fragebögen falsch ausgefüllt, falls sie sich überhaupt die Mühe gemacht hatten, den Leuten am Telefon die Fragen zu stellen, die auf ihrem Zettel standen. Ich misstraute dem Ergebnis von Anfang an und stellte mich schließlich selbst an die Rezeption, um meinen Kunden die betreffenden Fragen zu stellen. Es ging um die Höhe unserer Eintrittspreise. Was ich bei dieser zweistündigen Aktion erfuhr, war ungleich wertvoller als die aufgeblasene Meinungsumfrage – und natürlich auch sehr viel billiger.

5. Konkurrenz nützt Ihnen. Auch wenn es in meiner Branche eine Art Sport ist, Mitbewerber im Keim zu ersticken, belebt Konkurrenz das Geschäft immer – solange sich die Konkurrenten nicht durch einen Preiskampf gegenseitig ruinieren. Auch wenn es aus Gründen der Eitelkeit und wegen des Wunsches nach Alleinherrschaft und Dominanz schwer zu glauben ist. Vor einigen Jahren gab es den Fall eines großen Bordells direkt an der italienischen Grenze. Unmittelbar daneben siedelte sich ein Saunaclub an und die allgemeine Erwartung war, dass das Bordell massive Einbußen hinzunehmen haben würde. Kurze Zeit war das vielleicht auch so, aber mittel- und mehr noch langfristig kehrte sich dieser Effekt um: Die größere Auswahl führte dazu, dass sich mehr und mehr Männer angezogen fühlten und beide Läden

ausgezeichnete Geschäfte machten. Der Standort war insgesamt attraktiver geworden, weil mit den beiden verschiedenen Häusern und ihren verschiedenen Angeboten jetzt fast für jeden Geschmack etwas dabei war. Ich habe selbst besonders lange gebraucht, um diese Lehre zu verdauen, und immer noch geht mein Reflex dahin, allzu große Konkurrenz eher zu unterbinden, soweit es möglich ist. Aber inzwischen sehe auch ich diesen Punkt langsam ein.

6. Groß zu sein, zahlt sich aus. Ich würde sagen: Je größer eine Firma ist, desto besser. Vergessen Sie all die zeitgeistigen Philosophien von einem Klein-aber-Fein, vom liebevoll gepflegten Bauchladen. Das reden Ihnen nur die Großen ein, damit Sie nicht zu viele Ambitionen entwickeln, und am Ende gehen Sie pleite. Wenn Sie als Geschäftsmann oder -frau überleben wollen, gilt die Regel: Think Big. Je größer Sie sind, umso größer sind auch Ihre Chancen, wirtschaftliche Schwierigkeiten zu überstehen und gutes Geld zu verdienen.

7. Setzen Sie zur Steigerung Ihres Profits auf innere Differenzierung. Sie erinnern sich: Je mehr verschiedene Mädchen für mich arbeiten, desto mehr Kundentypen ziehe ich mit meinem Angebot an und diese größere Attraktivität steigt nicht gleichmäßig, sondern exponentiell. Was auch immer Sie verkaufen: Wenn Sie es schaffen, so groß zu werden, dass die innere Differenzierung Ihrer Produkte größer wird als die Ihrer Konkurrenten, dann haben Sie Ihre Zielgruppe an der Angel. Dann brauchen Sie auch keine Konkurrenz zur Belebung des Standortes. Dann werden Sie wirklich reich.

8. Bilden Sie Cluster, Konglomerate, Kartelle oder wie auch immer Sie es nennen wollen, solange Sie damit nicht in rechtliche Schwierigkeiten geraten. Gerade als Neueinsteiger in einer Branche ist es schwierig, selbständig die überlebensnotwendige Geschäftsgröße zu erreichen. Meist steht allerdings dieser Taktik zu viel Misstrauen entgegen – vor allem in der Rotlichtbranche. Dabei liegen die Vorteile auf der Hand: Wer mit anderen Unternehmern derselben Branche Cluster bildet, erspart sich einerseits den Preiskampf und schafft andererseits gemeinsam genau jene immens wichtige Differenzierung des Angebotes, von der ich vorhin gesprochen habe. Wie schon gesagt: je größer, desto besser. Und wer alleine noch nicht groß genug ist, der muss sich eben mit anderen zusammentun.